U0092651

二零一四甲午香港黃巾之亂

——論香港反民邪教

2014 Hong Kong Yellow Ribbon Rebellion:
Discussions on Anti-citizen Cult of Hong Kong

潘國森著

By POON Kwok-Sum

(with Chapter Summaries in English)

一人敵一派之作！

One man challenges a whole faction!

香港家長必讀！

Hong Kong parents must read!

書名：二零一四甲午香港黃巾之亂
作者：潘國森
系列：潘國森文集 ・ 政事類
編輯：潘國森文集編輯組

出版：**心一堂有限公司**
地址／門市：香港九龍尖沙嘴東麼地道六十三號好時中心LG六十一室
電話號碼：(852)2781-3722 (852)6715-0840
傳真號碼：(852)2214-8777
網址：www.sunyata.cc
電郵：sunyatabook@gmail.com
網上書店：http://book.sunyata.cc

香港及海外發行：利源書報社
地址：香港新界大埔汀麗路36號中華商務印刷大廈地下
電話號碼：(852)2381-8251
傳真號碼：(852)2397-1519

台灣發行：秀威資訊科技股份有限公司
地址：台灣台北市內湖區瑞光路七十六巷六十五號一樓
電話號碼：(886)2796-3638
傳真號碼：(886)2796-1377
秀威網絡書店(台灣地區)：http://www.bodbooks.com.tw/

中國大陸發行・零售　心一堂
深圳店地址：中國深圳羅湖立新路六號東門博雅負一層零零八號
深圳店電話：(86)0755-82224934
北京店地址：　中國北京東城區雍和宮大街四十號
心一堂官方淘寶店：http://shop35178535.taobao.com/

版次：二零一五年九月版
平裝

　　　　港幣　　　　一百三十八元
定價：人民幣　　　一百三十八元
　　　　新台幣　　　五百五十八元

國際書號　ISBN　978-988-8316-45-8

版權所有　翻印必究

目　錄

謹將本書獻給香港守法良民

尤其香港警察

以表揚他們在甲午香江黃巾之亂期間展現的包容、忍耐、堅毅與靈活

This book is dedicated to all law-abiding Hong Kong residents, especially members of the police force for their tolerance, endurance, persistence and flexibility displayed during the course of 2014 Yellow Ribbon Rebellion here in Hong Kong.

序

(一)

西元二零一四年，對應中國干支紀年的歲次為甲午。

香港在這一年的第四季，出現兩個多月混亂狀態，發生所謂「佔領中環行動」，簡稱「佔中」。

事件雖然名為「佔中」，事實上主要是「佔鐘」和「佔旺」。

「鐘」指「金鐘」（Admiralty，本義為海軍總部）。香港島有金鐘道，現時香港人習慣稱中環以東、鄰近地鐵金鐘站一帶為金鐘（區），範圍包括紅棉道、金鐘道、夏愨道等地。廣義的「金鐘」還包括二零一一年啟用的香港政府總部，地處港英時代舊海軍總部「添馬艦」，政府總部（簡稱「政總」）附近一帶，現時也可以簡稱「添馬」。

「旺」是九龍半島最繁盛的商業區「旺角」，狹義的「旺角」指鄰近地鐵旺角站的一段彌敦道及東西兩旁部分街道；廣義的「旺角」則可以旁及大角嘴、部分油麻地和太子等區。

「佔鐘」的影響主要是阻礙政府總部和立法會的正常運作；「佔旺」的影響則是破壞九龍區的交通、從而擾亂市民的生常生活。在兩個多月期間，還有銅鑼灣、中環和

尖沙嘴部分街道曾經被短暫「佔領」。

香港政府官方認為這次是「非法佔領」，但是「佔中（鐘）」發起人和參與其事的市民則認為是「公民抗命」。過去很多年，香港有不少政圈中人、教師和傳媒工作者將「Civil Disobedience」譯作「公民抗命」，筆者向來主張應該依字面義譯為「公民不服從」。二零一四年以前，《維基百科》（Wikipedia）仍單用「公民抗命」的誤譯；二零一五年以後，也有用「公民不服從」。

「非法佔鐘」期間，參與者常以黃色絲帶、黃色雨傘為記。於是這次事件還有許多叫法，如「遮打運動」、「遮打革命」、「雨傘革命」（Umbrella Revolution）等等。香港中環有一條遮打道（Chater Street），以港英時代政商界名人保羅・遮打爵士（Sir Catchick Paul Chater, 1846-1926）命名。街上有遮打公園（Chater Garden），是近年香港市民舉行示威活動的重要地點。「遮」字作動詞用時解作「阻擋」、「掩蔽」等，但是廣府話稱「雨傘」為「遮」，因為「遮」字語帶相關，遂令事件看上去似跟遮打爵士、遮打公園扯上關係。實情是只有個別相關的政治集會曾經於「佔中（鐘）」前在遮打公園舉行。

筆者認為這次「非法佔中（鐘）」及其一系列相關活動，是一場無理取鬧的騷亂。再加除了參與者到處掛黃絲帶之外，又間有頭繫黃巾，所以稱之為「黃巾之亂」

（Yellow Ribbon Rebellion）。積極參與當中激進非法活動的人，可以稱為「黃巾賊」（Yellow Ribbon Bandit）。

中國歷史上的「黃巾之亂」，在西元一八四年爆發，即東漢靈帝光和七年。是年歲次甲子，年底改元中平，所以有些教科書以中平元年為「黃巾之亂」的起點。《三國演義》是近世中國讀書人必讀的「閒書」，讀者當知「黃巾之亂」直接引致此後軍閥割據、不奉中央政府號令的混亂局面，亦是日後「三國」（二二零至二八零，曹魏、劉漢、孫吳）分立的遠因，甚至連「魏晉南北朝」（二二零至五八九）近四百年大分裂也可以溯源至「黃巾之亂」。

筆者是「六十後」（post 60s），即一九六零年至十九六九年之間出生的一代人。在香港土生土長，離港外遊最長時間才數個月，是不折不扣的「老香港」。雖然在英文中學、英文大學（當年香港大學除了中文系和少數涉及國學的課程以外，是全英語授課）受教育，卻以「儒生」自居，即是服膺中國儒家思想和道德倫理的書生，如用現代白話，亦可以稱為「傳統中國讀書人」。按中國人傳統的風俗，已經是個「老年人」，從來沒有見識過如同二零一四年第四季這兩個多月間如此頻繁發生的荒唐鬧劇！

為了留下不一樣的見證，決定撰寫本書。當中有部分是筆者每天留意事態發展所得，並在「臉書」

（facebook，互聯網上非常流行的社交網站）留言，紀錄筆者的觀察和評論。為了方便與「臉書」上許多素不相識網友討論，較多用廣府話口語入文。現在整理成書，在引用每一則留言之後，都會稍為解釋一下這些措詞，便利不大看得懂廣府話口語的外省讀者。

（二）

香港有一批政界中人自稱「泛民」，實是「反民」！

「泛民」的全稱是「泛民主派」（Pan-democracy Camp）；「反民」則是「反對市民派閥」（Anti-citizen Faction），又是筆者首創。又因為「反民」以「邪教」模式運作，故可以稱為「反民邪教」（Anti-citizen Cult）。

「邪教」有甚麼共通的特徵？

筆者認為有兩大重點：

一是「無知」（ignorance）；

二是「仇恨」（hatred）。

「無知」令人喪失理智；「仇恨」令人丟棄愛心。缺乏愛心和理智的盲目群眾，最容易受旁人（或「教主」）驅策。

在整個香江「黃巾之亂」過程中，以及筆者重溫「醞釀期」的一些人和事，更可確證有人在不停地「製造無知」和「散播仇恨」。

「黃巾賊」包括些甚麼人？

筆者認為絕大部分一度支持「兩傘革命」的香港人都不算是「反民邪教黃巾賊」。這許多曾經趁熱鬧、短暫跟著起哄的香港人，很快發覺「佔領行動」有太多不妥當的地方，結果是靜悄悄的離開，然後諱言其事，好像自己從來沒有置身其中似的，可能回想起來也覺得這樣受騙是比較丟臉的一回事吧！

只有直接或間接參與組織，又或者教唆他人做出各種非法和缺德活動的人，才算「黃巾賊首」（Yellow Ribbon Bandit Chiefton）；因為「無知」和「仇恨」瘋狂參與而較少決策權的，則是普通「黃巾賊」而已。

香港粵語電影明星呂奇（一九三九－）在銀幕上的名句，很可以借來形容「黃巾賊首」，以及最勇悍的「黃巾賊」。他們或多或少犯了這四大過失：

卑鄙

無恥

下流

賤格

只要我們用過去數十年來，香港社會的主流道德標準和價值觀去審視兩個多月「黃巾之亂」、先前「醞釀期」，以及事後的餘波，我們不難發現「佔中行動」、「雨傘革命」正正充斥著無數卑鄙、無恥、下流、賤格的人和事！

過去「反民邪教」培養「無知」的「黃巾賊」，牽涉各級教師，包括大學教師、中學教師、小學教師甚至幼稚園教師，以及傳媒工作者合力去欺騙香港年青人。謊言廢話包括「真普選」、「國際標準」、「公民提名」、「公民抗命」等等。

至於「仇恨」，則針對三組主要對象：

（一）中國共產黨（連同各級官員）與大陸人；

（二）梁振英（及其家屬）與特區政府主要官員；

（三）香港警察及其家屬。

古今中外涉及挑起兩個「群體」之間仇恨的政治運動，離不開放大一些差異。包括訴諸種族，訴諸國家民族與文化的差異，訴諸宗教，訴諸地域籍貫，訴諸階級矛盾等等。

如上述針對中國共產黨便涉及國家認同；針對「大陸人」則涉及籍貫；針對梁振英及司局官員、警察及其家屬則涉及階級。

「黃巾賊首」包括些甚麼人？

簡而言之，共是五「棍」（crook），此下排名不分先後而且會有重疊：

（一）政棍、政界黃巾賊：主要是香港政圈中人；

（二）學棍、學界黃巾賊：各級教師及自封的「學生代表」；

（三）教棍、宗教黃巾賊：個別宗教的傳教人員及教徒；

（四）法棍、法律黃巾賊：法律專業人員，包括律師、大律師，甚至法官；

（五）媒棍、傳媒黃巾賊：個別傳媒老闆及傳媒工作者，涵蓋報章、電視、電台。

本書對以上種種，會逐一分析。

（三）

「黃巾之亂」也好，「雨傘革命」也好，「佔中行動」也好；不同的提法反映不同人對二零一四年第四季發生在香港混亂局面的不同評價。雖然亂事以「零傷亡」暫時落幕，但是毫無疑問，這兩個月的騷動與混亂，對香港社會的每一員都造成極大的不安和困擾。筆者認為善後工作的重點在於處理參與亂事的香港人內心深處的無知和仇恨。

願以智慧挽救無知，摧破邪見；

願以仁義化解仇恨，重建道德。

是為序。

潘國森

乙未仲春

Summary of Preface

The author of this book differentiates those outlaws participating in this turbulent period of Yellow Ribbon Revolution or Occupation Movement into two groups. The leaders are Yellow Ribbon Bandit Chieftons while the followers are Yellow Ribbon Bandits. They are part of the Anti-citizen Cult.

There are two energy sources of the rebellion, namely ignorance and hatred amongst them all. Chieftons have been manipulating the bandits to make them ignorant and fill their minds with hatred sentiments. The chieftons could be subdivided into five types of crooks by professions, the political, academic, religious, legal and media. Hatred sentiments are dispersed against three groups,

(1) Members of the Chinese Communist Party and all Mainlanders,
(2) Chief Executive Leung Chun-ying (with his family) and senior officials of HKSAR, and
(3) Members of the Hong Kong police force and their family.
While the Yellow Ribbon Rebellion has been pacified with zero casualty, we, citizens of Hong Kong still need to find remedial measures for the post-turbulence reconstruction.

The author of this book believes that:

Wisdom could shatter ignorance, and
Kindheartedness could reconcile hatred.

Poon Kwok-sum
Spring, 2015.

〈甲午仲秋香港警察頌〉

香港警察，城市之光。
兼姿文武，名重八方。
威儀穆穆，正氣堂堂。
護民除暴，黎庶安康。

妖氛邪氣，淹沒香江。
毒舌妖孽，搆陷忠良。
不辭勞苦，不畏強梁。
忘飢忘渴，無懼中傷。

謠言辱警，奸佞不祥。
誰無骨肉，誰無爹娘？
儌徒衝擊，越堅越剛。
百姓無勇，赤心相幫。

夙夜未懈，莊敬自強。
肅清宵小，掃蕩猖狂。
忠誠盡責，戾氣化祥。
保家守土，譽更馨香。

後記：

有全不相識的網友在臉書問，現時可以怎樣幫警察。
秀才人情紙一張。

二零一四年十月十三日

補充：

本作用四言詩體，格律要求比較簡單，只需每兩句押韻一次，並可以隨時換韻。筆者寫此詩，按粵曲韻而不依「平水韻」，即「康莊韻」（略相當於平水韻的三江韻）與「強疆韻」（略相當於平水韻的七陽韻）通押，一韻到底。

寫作背景是「黃巾之亂」初期，執法的警察受個別傳媒和政治力量惡意中傷和誹謗，尤以九月底警方使用數十個摧淚彈，企圖驅散暴力的「佔中（鐘）」示威者之後。在「臉書」見許多意見相近的網友都感到憤憤不平，遂有此篇，聊為盡忠職守的警務人員打氣。

Note:

The above is a poem following format descended from the "Classic of Poetry" by the author of this book that is dedicated to the Hong Kong Police force.

第一篇　觀察「黃巾之亂」

Part 1　Observing the Yellow Ribbon Rebellion

「你或可以矇蔽所有人於一時，甚至永遠愚矇蔽某些人，卻不能永遠矇蔽所有人。」

美利堅合眾國第十六位總統

阿伯拉罕・林肯（一八零九至一八六五）

"You may deceive all the people part of the time, and part of the people all the time, but not all the people all the time."
Abraham Lincoln (1809-1865), 16th President of USA

第一章 〈給香港的公開信〉

Chapter 1 An Open Letter to Hong Kong

Chapter Summary

During the early phase of the rebellion, most mainstream media both in Hong Kong and overseas had failed to present any fair descriptions and comments on the way how Hong Kong police handled the fierce charge by the violent protestors against a rather thin and out-numbered police front one day in late September. Mr. Ulf Olofsson, a Swede resides in Hong Kong provided an impartial and objective account based on his personal observation on spot, that the Hong Kong police had used fairly reasonable forces. And Mr. Olofsson confirmed that many messages disseminated then by the protestors and their supporters across the city had been largely biased.

原信中譯

原作者：Ulf Olofsson, Resident of Hong Kong

來源：https://warewhulf.wordpress.com/2014/09/29/an-open-letter-to-hong-kong/

原作發表日期：二零一四年九月二十九日

中文翻譯：潘國森

（譯文開始）

　　我昨天由下午至傍晚都身在金鐘，經歷公眾示威者與警方衝突和使用催淚彈，見證每分鐘發生的事情。我和太太收到的社交傳媒信息簡直是超光速！絕大多數的貼文和陳述，都不涉及怎樣捍衛一個更民主的香港，也沒有任何人提出稍有系統的方向。就是貼文接貼文、照片接照片、錄像接錄像的，都只有統一的信息：「香港警察是地球上的惡毒人渣！」

　　每當有違犯法律的事發生、有人權被受侵犯，以及有使用不必要而過量武力的時候，對的！敬請快速及公平地處理。但是，我無意探討香港警隊做了些甚麼對或錯的事，畢竟還有許多比我更有資格的人可以評論。我要講的是這樣針對警察而不是真正的議題、真正的目標，絕對不能引領香港和香港市民去到甚麼地方。如果會得到任何東西，只會是破壞和倒退的效果。請注意我說「針對」，並無否定你們對警方所作所為感到憤怒的事實。

　　我不是香港本地人，在此居住和工作四年多。我在瑞典出生，住過二十多年，然後在美國待過將近二十年。我到過大半個歐洲、中美洲、南非和中國大陸。我對世界各地甚為了解，所以能夠從一個跟許多本地市民截然不定的角度看香港。

　　不單止因為我不是本地人，還有是我能夠以親身經

歷，以更廣闊的視野比較香港和世界其他地方。我有兩個
朋友跟香港警隊有淵源。一個是昨晚也有當值的現役警
察，另一個剛退休不久，現役那位剛好是我很尊重的朋
友。我住在瑞典時的朋友也有加入當地警隊。我親身接觸
過世界上好幾處地方的警隊。

我親身經歷過一九九二年洛杉磯暴動，當時我們組成
人鍊保護我們的建築物。昨日我長時間觀察多位警察，又
跟他們交談。當我問其中一位警察甚麼時候當班，他說：
「早上五時。」我再問何時下班，他說：「事完了就下
班。」當時大概是下午五時，他在攝氏三十度高溫之下，
差不多站在同一個地點十二小時！看來他還要再站十多個
小時。

我觀察到數十張面孔，看到惶恐、焦慮、擔憂和哀
傷，都是那些你們各位在這幾天經歷的不同情緒。當我跟
一位警察交談時，一個後生廣東仔走過來，叫我不要跟警
察說話，因為警察都在說謊。他用指責式口吻問我「從何
處來」，接著說：「你知道甚麼！」當我清晰地告訴他，
我要繼續跟這位警察聊下去，他邊走邊叫道：「Ｘ你！你
係狗屎！」

站在這個人潮的中間，起碼在我這個地點，一個信息
充滿我的腦海。這不是要團結一致的信息，也不是需要民
主的信息。甚至不是你要捍衛你的權利和被受聆聽的信

息。群眾重覆唯一的共同信息，就是示威者爆發憤怒，用最惡毒的人身攻擊謾罵警察。而這些事情都發生在警方有任何猛烈行動之前。

我的手提電話，被朋友連綿不斷在臉書責罵的信息弄得發熱。可以理解公眾是如何憤怒，警察自然也一樣。然後警方上級下達命令，於是有衝突、催淚彈等等。很可怕，這當然是真的。我可以列舉雙方犯錯的清單，但是我寫這封公開信的目的，與找錯無關。我也不是打算為警方辯解。我只是嘗試說明一點，根據我昨晚的經歷和觀察，可以總結為：涉事的人抱有暴民心態（當然不是指全體示威者）。這是一場社會「接觸傳染病」，即是有人提出一個概念或想法（在此事涉及警方），怒火一燃點，便迅速燎原。

我要承認事情有積極的一面，就是許多人雖然長時間面對警方的武力威脅，仍然堅決要求對方聽到並注意他們的共同目標。

但我仍想要問你們：如果你已經在戶外攝氏三十度的高溫下，穿了全套制服站著戶外十二至十四小時，努力執行職務；卻被使用語言侮辱的人群責罵了多個小時，你們會怎樣自處和反應？有示威群眾爭吵說有良知的警察都應該在七月一日之後辭職不幹。真的嗎？然後可以怎樣？無政府狀態？還有人強辯說警察不應該服從上級的命令。這

真是狡辯……

根據幾個國際研究報告的結果，香港被認為是世界上其中一處最安全的居住地，也是謀殺率最低的第三位。這個是不是會跟香港的警察有一點點關係呢？二零零六年聯合國一個調查顯示，九成以上的香港市民認為警隊的工作做得「好」或者「相當好」。於是乎，香港警隊由世界上最佳之一，在未滿八年之間變成最差之一？大概不會吧？可是有證據證明最近這幾年真有點變差。

我四年前搬到香港，從未被賊人搶略過，也沒有聽過一響槍聲。當我住在洛杉磯時，大概每天都知道城中某處有人開槍，一如在美國中南部。我初來步到時，不熟悉香港這個地方，每當我要問人的時候，街上的人常會走開不理我。但每次遇到警察，每一個警察都會給我需要的指引，通常還報以微笑。

我個人曾經感到很難理解，警隊怎樣可以站隱立場，日以繼夜、夜以繼日地跟爛透的下層社會打交道。有時我不明白為甚麼警察不會喪失對人性的所有信仰。尤其是當完成了巡邏夜班，帶著沾有人尿和嘔吐物的制服回到家，回想剛才被人恐嚇、用攝錄機錄像，與及被辱罵最無法想像的惡名。但是我要感謝在我熟睡的時候，有他們在。他們保護我和我太太，他們清理那些醉酒司機，與及販賣價值百萬計毒品給我們年青人的豬玀。

　　警隊裡面有沒貪污？相信總有些。有沒有壞的警察？總有，但正如今天和歷史上，這個地球上任何群體都有壞人。警隊保護市民、幫助市民，又常令事情都有秩序。這都是不容否認。

　　可是有些時候，如同其他任何活動，總會有緊急甚至災難事故，而令事情失控。就如昨晚示威者忽然向警隊的路障衝鋒，以求闖入內街。當然，事後孔明容易當，誰都可以說：「他們應該更溫和，他們不應該用催淚彈，他們應該找一個不同的解決方法。」我慶幸自己不是被衝擊的警察。不是因為他們當中有好幾個人受了傷，而需要即時接受醫治。但是，如果我如他們一樣，在烈日下受煎熬，被憤怒的公眾責罵了十二小時之後，再被他們衝擊；我只知道一事，我只有幾秒鐘時間抉擇。這幾秒之間，我可能沒有時間審視所有政治正確的方案，而會更依賴本能去反應。如果我也很憤怒，我大概不可能做一個最客觀的決定。

　　放馬後砲容易。在我撰寫此文時，社交媒體和新聞媒體正在滲透對警隊的批判。我在美國佛羅烈達州住過四年，那邊警察的工作指引跟香港很不一樣。如果任何人的生命受到威脅，警察會開槍。而如果警察要開槍，都是要致命的。我講這個不代表我認為這樣做是正確，只是想告訴大家，如果昨晚的事在佛羅烈達或其他更糟糕的地方發

生，會怎樣收場。過去幾個月，世界各地有好幾十次有組織的示威，我不是講甚麼時興的遊行，我在講反政府或政府一些作為的示威。沒有一次是和平的，極少是零傷亡，有些更傷亡慘重。

現時出現使用橡膠子彈和催淚彈的爭論，我不是專家，不知道正確的答案。但我知道這個爭論不應該在社交媒體和新聞媒體拿來「針對」那些每日巡邏我們街頭巷尾的警察。爭論應該指向那些負責下命令的人。如果我們持續單單責罵警隊，結果必定沒有贏家。正確的目標是那些高官、政客，和他們的「老闆」。如我先前提到，我在社交傳媒從昨天到現在仍然觀察到的，是一場社會「接觸傳染病」。大多數公眾跟從看來社交上正確的態度，憎恨差人！打錯了靶！

梁振英在那裡？他穩坐在安全的地堡中，發放空白無物的政治正確官樣文章。香港的最高領導人行政長官怎麼躲起來，而不是指導和帶領他的手下？學生要求他出來，要求他聆聽。但是地區首長沒有回應⋯⋯他是其中一個正確目標，但不是唯一，警隊聽命於梁振英，也不知北京和中聯辦扮演多重的角色。

我要講清楚，我不是寫這公開信去批評示威者或香港。但是我正在此居住和工作，我想發聲，是因為我知道社會「接觸傳染病」的各方面。而據我親身經歷，都不會

有好結果。如果你不同意政府，或這次不同意政府及北京下達關於香港民主的發展，我同意諸如非暴力及有組織示威、或不參加你不認同的制度（例如罷工罷課）等等的行動，都可以是有效的作為。

數以千計的人正在不辭勞苦地做這些事，我全都尊重。可是，經由新聞報導和社交媒體長時間侮辱謾罵和妖魔化警察（諸如說警察用不必要而過度的武力），不會改善你們和香港整體的狀況。我希望有更好的香港、住在更好的香港。我知道你也是這樣想。我希望你們能夠考慮一下我所寫的，雖則這是一個敏感的話題。請以更多包容、尊重和諒解，去檢視一下你自己的看法，與及你怎樣參與你正在對其他人做的事。

多謝！

Ulf Olofsson

（譯文結束）

譯註：

（一）一九九二洛杉磯暴動

一九九一年三月，美國加州洛杉磯四名白人警員涉嫌過度毆打羅德尼‧金（Rodney King），後來被起訴。一九九二年四月四名被告被裁定，在逮捕嫌疑犯時並無使用過度武力，獲

判無罪釋放。判決引發數千名非裔及拉丁裔美國人上街抗議，演變成連續四日的暴亂，還波及韓裔社區。最終有五十三人死亡，財產損失約十億美元。暴亂期間發生六百起縱火事件，約有多達一萬人被捕。

（二）X

X，讀如「diu2」，本字為「鳥」，本義為男性外陰。現代多寫作「屌」，為後出形聲字。廣府話口語多作動詞用，解作男子與女子性交，而該男子對女方全不尊重。亦可借用為感嘆詞。「屌」是廣府話書面語五大忌用粗口字之一，一般書刊多用「X」或其他符號代替。英文原文用禁忌字「fuck」，亦寫作「f＿k」。

（三）馬後砲

本為中國象棋術語，是一種極難解救的「叫將」攻勢。廣府話俗語常用「放馬後砲」表達近似「事後孔明」的意思。

（四）接觸傳染病

「Social Contagion」的中譯。

後記：

二零一四年九月底，香港警隊發放了數十枚催淚彈，成為「親佔中」傳媒「眾矢之的」。筆者從電視新聞報告看到經過剪輯的片段，仍覺得數百名「示威者」絕不和平，放催淚彈不算過用武力。如果當時警方不

先後施放胡椒噴劑和催淚彈，那條單薄的防線必被衝破，首當其衝的數十名警員恐怕會有嚴重傷亡。及至在「臉書」（facebook）見到居港瑞典人Olofsson先生的貼文，未經他同意，就譯成中文，於二零一四年十月二日放在筆者的「部落」（http://blog.ylib.com/samkspoon/Archives/2014/10/02/23157）和「臉書」。

　　Olofsson先生的現場見證，在香港主流傳媒，包括電台、電視、報章、雜誌都難得一見。好在互聯網的空間廣闊無垠，雖然「親佔中」傳媒視而不見，筆者好歹也算是個吃「中英雙語翻譯」這行飯的人，可以在網上的「地盤」發表我的譯本，甚至自己刊行。

　　正當的翻譯只需如實，譯註亦不必加入己見。至於英文原文，則因版權問題從略，請讀者自行到有關網頁閱覽。

第二章 臉書留言十月初

Chapter 2 Postings on Facebook in Early October

Chapter Summary

On early October, numerous rumours about military crackdown against the student protestors had been widely spread across Hong Kong SAR. The "too simple and sometimes naive" author of this book has petitioned Cardinal Joseph Zen Ze-kiun of the Catholic Church to bring the kids back home by posting message on Cardinal's personal web-page, since he had explicitly asked young students to join the strike for the Occupation Movement. The outcome was no reply from the Cardinal, many Christians prayed and finally thank God there is no bloodshed. The following are some postings on Facebook that October.

前言：

在整個「黃巾之亂」期間，每天接觸到來自香港眾多「親佔中」主流傳媒的報導，一如Olofsson先生所言，許多評論都在「針對」警隊。但是「臉書」方便易用，卻成為主流傳媒之外的另類選擇，任何人都可以將自己用智能電話即場拍攝的片段上載到「臉書」，讓網民能夠掌握在電視新聞見不到的其他真相。

香港市民的「反佔中（鐘）」意見，被主流傳媒有系統地「滅聲」，卻能在「臉書」上流通。筆者在「臉書」

的留言，因為對象主要是操廣府話的香港人，所以多用了廣府口語和俗語，現在結集成書，要面對外省的朋友，所以會在每一則留言之後，補加註解，以便讀者。如有需要，亦會加一小段「後記」，說明那個貼文的作意。

第一則貼文：〈讚美你個仔佔中！〉

（引文開始）

幾十年來往較密的朋友，學歷背景都係相近。我的同齡老友都係高學歷，大學畢業、專業人士等等為多。

當中「甲」係港府中高級的公務員，「乙」係專業人士，唔係直接讀大學，學歷不詳。需知當年預科生只有六分一左右升港大或中大，其餘有讀大學資格而唔夠人爭，可以去理工讀高級文憑。

場景一：

「乙」有一對仔女，就讀香港名牌大學（by definition，係港大、中大、科大三巨頭），即係高材生啦。有明顯意慾去佔中。

幾個月前，「甲」愛惜由細睇到大的細佬、細佬女，to be exact，都係BB時就親手抱過，同「乙」講：「遊行無問題，千祈唔好犯法！」

場景二：

都係幾個月前，我同「甲」食飯，「甲」話先前同「乙」及另一個朋友共三對夫妻，組團去旅行。另一個女人，知道「乙」的仔女要佔中，讚口不絕。「甲」夫婦都係公務員，不便表態。「乙」夫婦好開心。

同檯四人食飯，「甲」顯得很無奈。我話：「呢個長舌真仆街！」

餘三人會心微笑。

場景三：

「乙」的一對仔女好似簽左唔知佔中乜乜物物，聽講已經決定唔佔中。

大家都鬆一口氣！

場景四：

偉大的「佔中」開波！

「乙」訴苦，話要落金鐘「執仔」，攪到兩點鐘。

場景五：

今日同知情者WhatsApp。

「乙」日日去金鐘「執仔執女」！

日頭阿媽去，放工後交更，阿爸接班。

　　最慘係有時兩兄妹在唔同地方「佔中」。

　　據可憐的「乙」目測統計，平時去「執仔女」時，金鐘現場有三分之一左右同佢same status，都係「來執仔女的家長」。

路人甲：難為天下父母心！

路人乙：養不教、父之過。

潘國森：仔女裹脅家長去佔中。

讚美你個仔佔中！

（引文結束）

簡註：

（一）係、唔係

　　「係」與「是」通用，古文常見。普通話不常用，廣府話口語則仍沿用。「唔」即是「不」，廣府話口語常用。

（二）港大、中大、理工、科大

　　即香港大學、中文大學、理工大學（前身為「理工學院」，簡稱「理工」，升格大學後簡稱「理大」）、科技大學等校。

（三）BB

　　英語「baby」的簡稱，普通話多譯為「寶貝」

（四）長舌

「長舌婦」的簡稱。

（五）仆街

「仆街死」的簡稱，近似北方方言的「路倒屍」，屬詛咒詞。在廣府話不算「粗口」。

（六）執

「執」字，在廣府話口語最常的用法，是指用手拾起物件。

「執仔」在此，指找到自己的兒子，並安全帶回家。

後記：

黃巾之亂初期，「佔中（鐘）」參加者人多勢眾，實情是有相當多家長因為無法勸阻子女到金鐘集會，擔心子女有可能受現場氣氛影響，一時衝動要幹出激烈的事，導致傷害自身安全，或者惹官非、留案底。

第二則貼文：〈我唔係幾明：佔中究竟想點〉

（引文開始）

在我的生活圈子中，各個不同組別裡面，都被視作「見多識廣」。

簡單來講，唔同組合的人聚會時，如果話五成人以上蠢過我，一定無走雞。

由此引伸，如果一件事我唔明白，香港地起碼有五成人都唔明白。

第一唔明白：「點解佔中變左佔旺？」

教人佔中的阿頭，好似無講過佔中包埋「佔旺」。

旺角彌敦道與亞皆老街的十字路口，在九龍市中心的地理環境，有似武漢之於中國，係「九省通衢」。我估用來做街頭戰鬥的戰場，就非常方便。馬路夠闊，進退方便。

第二唔明白：佔中好似話人要「癱瘓政府」，而家旺角癱瘓晒。點解又話警方唔執法？你地佔中，也唔係好想警方執唔到法咩？

第三唔明白：邊個叫佔中的細路去佔旺，然後又當孤兒仔、棄卒、toilet paper咁遺棄？

電視訪問一個四眼仔大學生，佢話要留守，保護年紀細過佢的學生，同埋女仔。

第四唔明白：佔中領頭人，叫學生家長簽《生死狀》，包唔包在「佔旺」的傷亡？無量金錢的損失、肉體的傷害，同埋道德的責任。

我係個「問題阿伯」，我都唔明，應該有五成以上香港人都唔明。

邊個可以教我？

（引文結束）

簡註：

（一）走雞

　　「走雞」指讓雞走掉了，不論當事人養雞還是正在偷人家的雞，都算是大損失。「走雞」的一般用法，多指「錯失機會」。亦可解作「出現錯誤、疏漏」。

（二）變左

　　「左」，常作「咗」，廣府話口語當作「了」字用。「變左」即「變了」。

（三）阿頭

　　即是「頭領」。

（四）細路

　　即是「小孩」，較多指「男孩」，亦可以用作形容「長不大的年青人」。

（五）生死狀

　　等於「免責聲明書」。當事人參加某事之前簽了「生死狀」，等於聲明因此事而死亡或受重傷都不會向其他人追究責任。如舊社會的「擂台比武」都會要求比武雙方簽「生死狀」。在此，引申為「佔中（鐘）」活動的參與者聲明如遇任何損傷，都不會追究「佔中（鐘）」發起人。

（六）邊個

　　「邊」即「那」，本字待考。「邊個」即是「那個」、「誰人」。

後記：

說好的「佔領中環」，原意是阻礙金融區的運作，破壞香港這個金融中心的經濟，從而損害「有錢人」的利益，以達到威脅香港政府就範的原來目標。

改為「佔領旺角」，卻是擾亂市民的日常生活。由針對有錢人的「佔中」，轉為針對平民百姓的「佔旺」，沒有人能夠說得出任何理由。包括政治倫理的理由、民主信念的理由，等等，等等。

本文屬「有感而發」。

第三則貼文：〈點樣證明？〉

（引文開始）

有人問：「算命有乜用？」

最四平八穩的答案，係：「趨吉避凶囉。」

問：「即係點？」

答：「比如算到你今個月可能有嚴重交通意外，咁咪盡量唔好搭飛機，去街盡量搭地鐵咁囉。咁可能避免到嚴重傷害。」

問：「咁你點證明到，原本有交通意外？會唔會根本就無交通意外？」

甲：「今朝有人收到風，黑社會今晚出動打學生。」

乙：「咁重唔叫人去保護？一唔係叫學生返屋企。」

甲：「但咁證明唔到有黑社會做野嗎？」

乙：「咁點算？」

甲：「由得黑社會打學生咪得囉！死蠢！」

（引文結束）

簡註：

（一）點

　　廣府話口語常用詞，即是「怎樣」。「點算」是「怎麼辦」。

（二）由得

　　即是「任由」、「聽任」。在此有「坐視不理」的意味。

後記：

　　儒家的「亞聖」孟子有言：「老吾老以及人之老，幼吾幼以及人之幼。」（語出《孟子・梁惠王上》）簡單來說，就是「尊敬人家的長輩如同自家的長輩，愛護人家的小孩如同自家的小孩。」

　　教唆、誘騙人家的小孩以身犯險，來達致自己的利益，實為非常缺德之事。

第四則貼文：〈多數係「共狗」！〉

（引文開始）

佔中英明神武學生終於會發現：香港人多數係「共狗」！

佔中開始無耐，香港分成三批人：

（一）贊成佔中，

（二）反對佔中，

（三）唔出聲表態。

「佔中」神聖偉大，你地做乜反對佔中？

老師話：「反佔中的係『共狗』，你地要用佔中手法，傳遞信息，讓市民知道，你地係犧牲自己為佢地好！」

然後，原本唔出聲表態的人憤怒了！

指罵佔中學生。

佔中學生以為可以感動冷漠而唔關心政治的香港人，同佢地一齊爭民主，保公義。

點知，呢個夢想無發生，反而去到邊區都畀街坊鬧。

結論：

香港多數人都反佔中，香港人多數都係共狗。

（引文結束）

簡註：

（一）共狗

　　「共狗」在此是「黃巾賊」（或「佔中人士」）侮辱異見人士的常用詞。大抵是「共產黨的走狗」或「身為共產黨員的狗類」的意思。在「小孩黃巾賊」的腦袋中，硬性認為「反佔中」的人都是收了共產黨的錢或是任何好處，都是「豬狗不如」。

（二）無耐

　　「耐」在廣府話口語解作「久」。「無耐」即是「沒多久」。

（三）做乜

　　「乜」是「什麼」。「做乜」在此解作「為什麼」。

後記：

　　「黃巾賊」先「佔鐘」、再「佔旺」。

　　然後有「黃巾賊首」提出「遍地開花」的口號。

　　於是有不同派系的「黃巾賊首」派「小孩黃巾賊」到各區「擺街站」，即是拿了檯、凳、宣傳版和揚聲器去各區的繁忙地點，宣提「佔中」和「真普選」的信息。結果，屢次被街坊喝罵驅逐。不少網民用智能電話拍攝現場情況，再上載到「臉書」和「youtube」。主流電視台都刻意迴避這些真實的民意。

第五則貼文：〈致陳日君樞機宗座〉

前言：

筆者的性格毛病多多，其中一項是過於容易信任人言。

「佔中行動」、「黃巾之亂」的本質不可以單看表面，發表此一則留言之前，曾經到旺角走了一趟。之後，就幹了些「傻事」。

我約在黃昏到達「佔旺」現場。當時天色已暗，環境非常混亂，人站在原本交通繁忙的行車道（香港人稱為「馬路」），面對整個彌敦道與亞皆老街交界的十字路口都擠滿了人，完全看不清全局實況。

只隱約知道有少量「佔中示威者」被「人海」包圍，當中不少「反佔中」人士情緒激動，對「佔旺」的學生（即所謂「小孩黃巾賊」破口大罵）。如果不是警察以人鍊圍出一個禁區，雙方可能早已動武。

我見到兩個中年人站在警方警戒線前，頻頻向身邊圍觀的人發言，一唱一和，表面上勸其他人冷靜，實際上刺激「反佔中」市民的情緒。兩人還一再聲稱自己不是「黑社會」。筆者見識淺薄，沒有能力憑肉眼辨認「江湖豪客」，不過那幾位開口閉口說要向「佔旺」學生動武的「阿伯」卻橫看豎看都不似有加入幫會的資格。倒是那兩位「熱心人」頗見「豪氣」。

當日有許多小道消息，指稱香港政府（或北京中央政府）決定武力對付「佔中學生」，可能出動警察、解放軍或黑社會云云。發放消息的人分屬各方，包括官方、半官方、傳媒、個別「佔中」頭領（即所謂「黃巾賊首」），甚至自稱有「江湖背景」的人。

當時筆者人在街上，不能上網。便急急致電兩位朋友，叫他們各自在「臉書」發貼，呼籲香港政府的高層，包括行政長官梁振英、政務司司長林鄭月娥、警務處長曾偉雄等，到旺角現場。護送也好，驅趕也好，讓佔領彌敦道和亞皆老街交界十字路口的「示威學生」離開，以免有流血、有傷亡。

回家之後，寫了一「貼子」，在天主教香港教區榮休主教陳日君樞機的網誌留言，請他去「救人」。

筆者一介書生，當然不似政圈中人有這麼多內幕消息，過不了幾天就啞然失笑，笑自己太過天真！用了太多「婦人之仁」！

大凡政治角力，難免謠言滿天飛。「交戰」雙方都不是小孩，自有其周詳計劃。只不過每次決戰過後，總是成王敗寇。歷史每每由勝利方編寫。

結果是：

（一）陳日君樞機沒有理會我在他網誌的留言；

（二）「臉書」上有些基督徒網友對筆者請求轉達給

陳日君樞機之事斷然拒絕，還罵我為出鋒頭，可能破壞了他們祈禱的雅興吧！

（三）說好的「血洗」事件沒有發生。

此下是我貼在陳樞機網誌的原文。

（引文開始）

陳日君樞機宗座：

我雖不殺伯仁，伯仁為我而死！

陳日君樞機，你的良心給野狗吞噬了嗎？

你親身去叫學生佔中，為甚麼不能親身叫學生回家？

戴耀廷先生在這幾天不停講大話，已經徹底失去信用。

香港市民只能請求陳日君樞機，用你偉大的智慧，慈父的身軀去保護學生。

我們不相信，一位高齡八十多歲的慈父向留守的學生下跪，還不能改變學生的堅持。

我們不相信，香港警察膽敢動你一根頭髮。

我們不要看到學生的鮮血，為戴耀廷先生的虛榮，而灑在地上。

香港市民

潘國森敬上

二零一四年十月五日

一：請廣傳。

二：如能聯繫陳日君樞機，請幫忙轉達。

（引文結束）

後記：

　　常用道「關心即亂」，若在平日，筆者當不會用上這樣「文藝腔」措詞。事後回想，活了一把年紀，未免「too simple, sometimes naive」！

第六則貼文：〈陳日君樞機我求求你！〉

（引文開始）

　　陳日君樞機我求求你！

　　董伯伯都出聲！

　　你唔好剩係當佢係前行政長官，佢同時係政協副席，係國家領導人。

　　梁國雄又去煽動留守的細路。

　　陳日君樞機，我求求你，去叫佢地返屋企啦。

香港市民

潘國森敬上

請廣傳，並盡量幫忙傳給任何一位香港教區司鐸。

（引文結束）

簡註：

（一）董伯伯

　　「董伯伯」是部分香港人對特區第一位行政長官董建華（一九三七－）的另類稱呼，可以是暱稱或戲稱，視乎語氣和上文下理而定。董建華於一九九七年至二零零五年在任，離任行政長官之後，改任中國人民政治協商會議（簡稱政協）副主席。

（二）屋企

　　「屋企」是廣府話口語的「家」。「返屋企」即是「回家」。

後記：

　　「臉書」這個社會網站，可以讓不同的用家成為「朋友」，然後又可以見到「朋友的朋友」的留言。於是又可以擴闊社交圈子。

　　筆者在陳日君樞機的網誌留言之後，真的擔心政府有可能用較大的武力在旺角和金鐘「清場」。在「臉書」上見到許多基督徒（廣義的基督徒涵蓋各教派，羅馬天主教、基督新教和東正教都在其列）也是很憂心的祈禱。筆者竟然天真到進去人家的「臉書」留言，請求他們當中是否可以有誰將筆者的呼籲轉達給陳日君樞機。我還感到很

奇怪，假設有消息靈通的人士，從任何渠道得知政府要向示威學生動武，那麼你們一眾基督徒祈禱，希望共產主義無神論者回心轉意，他們會聽上帝的訓示嗎？為什麼不直接了當的去請香港地區的教會高層去帶同學回家？

我很快收到「逐客令」，那幾位基督徒批評我「博出名」。

結果似乎皆大歡喜，他們的祈禱生效，沒有鎮壓、沒有流血、沒有傷亡。

第七則貼文：〈心不貪榮身不辱〉

（引文開始）

丘處機詩：「縱橫自在無拘，心不貪榮身不辱。」

我常對小朋友講，一個人如果妄想騙取不應得的榮譽，終究要付出代價。然而，禍福無門，唯人自招。

一場大規模的「良心運動」，必須有一個道德特別高尚的人、又或者大眾認為道德高尚的人去領導。印度的甘地如是；美國的馬丁路得金如是；南非的曼德拉亦如是。

戴耀廷先生，恕我不能稱他教授、老師，只能用最中性的先生，他的道德勇氣不足以承擔他發起的「良心運動」。在整個過程中，戴先生沒有停過說謊。雙肩沒有承擔，脊樑無法站直。結果卻要許多無辜的人分擔。有人

話，見到戴先生白頭髮多了許多。

戴先生說過些甚麼謊？我沒有打算出一本《戴耀廷佔中語錄》，他這樣反口覆舌，我見得世面少，好唔慣，記唔到。

戴先生這番行僥弄險，有沒有師友規勸？若無，則他的人緣未免太差勁了。

希望所有曾經參與這場運動的小朋友、大朋友，以此為鑑。

心不貪榮身不辱。

（引文結束）

簡註：

（一）甘地（Mohandas Karamchand Gandhi, 1869-1948），印度獨立運動領導人，主張「非暴力」的政治抗爭。

（二）馬丁‧路得‧金（Martin Luther King, Jr., 1929-1968），美國非裔人民權運動領導人，亦主張「非暴力」的政治抗爭。

（三）曼德拉（Nelson Rolihlahla Mandela Nelson Rolihlahla Mandela, 1918-2013），南非反抗族隔離運動領導人。

後記：

「黃巾之亂」平息之後，戴先生的「預後」還需拭目以待。

第三章　黃巾之亂賽後評述

Chapter 3　Daily Post-mortem on the Rebellion

Chapter Summary

The following almost day-by-day comments could be summarized as:

(1) The fate of the rebellion was decided when President Xi Jinping of the People's Republic of China announced full support on Leung Chun-ying, Chief Executive of Hong Kong SAR.

(2) If the Hong Kong Police could not settle the rebellion and People's Liberation Army was summoned, One Country Two System would come to an end at once.

(3) Degree of success of Leung Chun-ying and HKSAR towards the rebellion would be measured inversely by the size of casualties on both sides.

(4) Many of the behaviours by the Yellow Ribbon Bandits had been despicable, shameless, dirty and sordid.

前言：

　　讀書數十年，當然略為明白，歷史上每一次兩個政治集團角力的過程中，任何一方都常會散播謠言，以迷惑敵人，聲東擊西。「黃巾之亂」（或「雨傘革命」）當然不是簡簡單單的「和平示威」。

當日給旺角「佔領區」的景象一時嚇壞，但是上過當之後，就學了乖，回復應有旁觀者的冷靜。

電視新聞所見剪輯過的畫面，頗為一面倒的偏袒「黃巾賊」，倒好像有一半以上的香港人支持「非法佔領」。再加上在「臉書」見到更多反對「佔中（鐘）佔旺」的人和事，筆者就開始重新評估事件的變化。

在「臉書」遇到不相識的網友，每每被「黃巾賊」的種種劣行氣得七孔生煙，對政府和警方卻有「恨鐵不成鋼」之嘆，不滿的情緒日增。

筆者為了安撫大家的情緒，就開始撰寫一系列「賽後評述」。這個名稱，取材自體育比賽或香港流行的賽馬「博彩」活動的事後報告和分析。

在「臉書」發言最頻密的時段每天一篇，都在文後附上以下的簡短聲明。

（引文開始）

聲明：本評述報告全屬「斷估」，僅從電視台、報章及「臉書」取材，並無任何內幕消息。各方看官如因閱讀本報告後，引起任何華洋膠轕，本文作者概不負責。

（引文結束）

十月十五日賽後評述

（引文開始）

「黃巾之亂」嚴重影響香港良民的生活，本人亦深受其害。有鑑於「藍絲帶」陣營有個別支持者立場動搖，現決定盡量保持每日發佈〈賽後評述〉，以穩定民心。

先重申，本人認為「黃巾之亂」最後大贏家必為「六八九」，到今日仍未改變先前觀察的結論。

敉平「黃巾之亂」的最壞後果，為取消「一國兩制」，香港居民原先在「一國兩制」下享有的特權會被取消。香港可能面臨中長期經濟衰退，但因為特區政府有豐厚財政儲備，可以重開「大廚房」派飯，唔會餓死人。現時「六八九」面對的最大困難，是在「零死人、少流血」的限制之下，完成「掃黃行動」（掃除黃巾賊）。「少流血」容易，「零死人」有難度，視乎黃巾賊會否爆陰毒。

今日先評論香港警察今後的執法策略。警方顯然已經由被動轉為主動，對黃巾賊阻街，已改用新指標：

第一級：「乾隆皇契仔」——周日清。
即是任何新路障都會在十二個時辰之內清除。

第二級：「子午見骨茶」——子不過午、午不過子。

即是任何新路障都會在六個時辰之內清除。

警隊士氣評估：

所謂「請將不如激將」，現時警隊上下的「士氣」和「戰鬥力」都處於頂峰！數日前，有報導話前線警員打電話到電台「烽煙」節目，提及現時情況。前線執勤警員伙食大有改善，散仔與警官同食同住、並肩作戰，所以士氣高昂。從電視片段可見，散仔與警官齊齊用棍打黃巾賊，亦齊齊昇黃巾賊用遮插，無分階級、無分彼此。警官級與員佐級的關係亦大幅改善。

警方與黃巾賊之戰術與訓練比較

黃巾賊因為受「手無寸鐵」、「和平」的鬼話縛手縛腳，只能用雨遮作武器，鏡頭之下又經常舉手扮投降，戰鬥力非常薄弱。再兼警方都受過半軍事訓練，而黃巾賊只有小頭目曾受台獨街頭暴動訓練，其餘都是烏合之眾，即「食要好、著要好、又要做大佬」之輩。男兵較多為「冇鉈鬼命」的四眼仔，女兵較多為有「公主病」的港女。因此最近的清場行動都能快速完成。警方已經棄用「四警抬一人」的手法，改為用「孖葉」反縛「被擒」敵兵，制服後可以「兩警押一人」，兵員更見充足。

警方與黃巾賊之裝備比較

黃巾賊只有雨遮作武器，防禦裝備亦只有最簡陋的「豬嘴」、保鮮紙、實驗室用眼罩等，非常落後。今日凌晨警方清場時只用細面積圓盾，用作保護頭、軀幹及下陰，遮得上唔遮得下，仍有被遮骨插傷的風險。估計隨時更換方型盾，此盾保護面積大，亦可以作為衝鋒的武器，若用這個級別的防護，黃巾賊更無勝算。

黃巾賊可能使用之新策略

黃巾賊高峰期號稱有二十萬，現時軍心散渙，可用兵力估計只餘數千，至多亦不及數萬。假如今後每次阻街後清場，拘捕數十人，再清幾次就無兵可用。估計下一步會出「娘子軍」，在第一度防線全用女將。但因為警方已不避男女，用男警拘捕女賊，所以這個利用婦孺的毒招未必管用。黃巾賊可能把心一橫，出動輕度、甚至重度傷殘人士站在前線，這樣會大幅增加「攪出人命」的風險。

（引文結束）

簡註：

（一）藍絲帶

「佔中（鐘）」開始之後，許多反對「佔領行動」的組織誕生。這些組織常以藍絲帶為記，以別於「佔中（鐘）」的黃

絲帶。這些組織的負責人都聲稱是市民自發成立，亦有評論認為他們有「親中」背景。

（二）六八九

「泛民」與黃巾賊對行政長官梁振英的虐稱。因為他在二零一二年行政長官選舉中獲得六百八十九票（總票數為一千二百）。筆者在「臉書」的留言亦有使用，以示筆者並非「梁粉」（「梁振英fans」的簡稱）！

（三）大廚房

指港英時代的政府廚房，負責在出現突發事件如天災時，向災民派發熱飯。後來因為需求減少，政府廚房已停止運作。

（四）爆陰毒

陰毒，即陰險毒辣。廣府話口語中的「爆陰毒」，指用陰險毒辣的手法對付敵人。

（五）乾隆皇契仔──周日清

周日清是民間傳說中的虛構人物，最早見於清末小說《聖朝鼎盛萬年青》（民國初年易名為《乾隆遊江南》）。書中描寫周日清是清高宗乾隆帝的乾兒子，廣府話稱乾兒子為「契仔」。「周日清」三字連用，又可以理解為「一天之內花光」或「每天都花光」。於是「乾隆皇契仔──周日清」這句歇後語一般用作形容人不善理財，每天才花光所有。相對於近年流行的「月光族」，「周日清」就是「日光族」了。此處筆者借用，以添趣味。

（六）子午見骨茶

借用自金庸小說《神鵰俠侶》中，黃蓉欺騙霍都王子的說話，亦以增添讀者閱讀趣味。

（七）散仔

指職級最低「警員」（police constable）。

（八）夭䠄鬼命

形容人的體形頗瘦削，屬貶稱。

（九）孖葉

指手拷。

（十）豬嘴

指防毒面具。

同日，筆者又另貼一文。

（引文開始）

獻上《警察故事》主題曲〈硬漢子〉

為警察打氣！

個個都係「陳家駒」！

http://www.youtube.com/watch?v=R5LXv8vcP3Q

特別注意：時間2:13，劉翁劉志榮飾演的律師，壞事做盡之後，舉起雙手，正正是二零一四年黃巾賊的下流動作！

成龍大哥真有先見之明，預言二十多年後香港的荒唐事！

非常懷念志榮兄。

（引文結束）

後記：

　　雖然主流傳媒經常播放警方對「和平示威者」疑似使用「過度武力」，但是在「臉書」上不時看到更盡詳的片段，清楚展現許多「黃巾賊」一方面高舉雙手以示和平，另一方面卻出腳踢執法警員！

　　《警察故事》系列（第一集在一九八五年公映），是電影明星成龍的代表作之一，系列中的主角陳家駒在電影中多次被不非之徒陷害。

十月十六日早上賽後評述

（引文開始）

　　過去十二個時辰「藍絲帶」陣營的士氣受到沉重打擊。

　　先是警方於十五日凌晨在龍和道成功清場，並拘捕數十人。但是開心未過，爆出警察涉嫌毆打被捕滋事份子一事，並有錄影帶作證，黃巾賊乘機大做文章。

　　雖然反佔中街坊支持警方痛擊黃巾賊，而且防暴警察打滋事份子原本係「國際標準」。但係呢回斷到正，好難攪。警方的上策係「揮淚斬馬謖」，畢竟呢次黃巾之亂係

一場戰爭。凡戰爭都難免有「傷亡」（casualty），補救唯有係「撫恤」。臉書上有「藍絲帶」呼籲為涉案警察提供援助！可以預期，如果呢七位警察被控並入罪，極可能有市民發起「募捐運動」呢！

回到陣前分析。

現時警方似乎已經採取主動，對黃巾賊任何新的封路霸地行動即時處理。只是黃巾賊圍警察總部一役再退讓，任由示威社工攪事。黃巾賊仍會不斷製造話題，刺激士氣，動員群眾。而警方使用的裝備和武力，都會逐步升級。流血難免。

前瞻：

雖然黃巾賊仍有零星謠言，認為「六八九」可能落台。不過，即使「六八九」未能「掃黃」而要請「人民子弟兵」出馬，仍不用落台，只是做傀儡到任期完結。

結局一：警隊未能驅散黃巾賊，解放軍進場，取消一國兩制，對黃巾賊全面秋後算賬。

結局二：「六八九」成功「掃黃」，篤定連任，對黃巾賊有限度秋後算賬。

（引文結束）

十月十七日早上賽後評述

（引文開始）

今回：

據龍和三英力拒黃巾賊

通旺角群雄智取熱血軍

龍和道一役，有新片睇。題為：「2014.10.16 -《佔領香港》（01:39）添馬艦龍和道再爆衝突 警方施放胡椒噴霧 二人被捕（足本）」，網頁：（http://youtu.be/GzTZKCaFXAU）。

黃巾賊喪屍兵團醜態百出，三英身陷賊軍重重包圍，智、仁、勇三達德兼備，經增援後順利完成拘捕任務，全師而還。

此夜，每次起身小便，都不忘開手機睇FB，終於在五點幾見警察清除旺角黃巾賊放置之非法路障。留守黃巾賊如喪家犬，只得十五分鐘收拾「個人物品」，笑死人！

所以，我成日話，大家唔好咁容易動搖，咪當香港警察係「籮拔」至得架！

警察兵不血刃，掃蕩旺角黃巾賊。

疾如風！

徐如林！

侵掠如火！

不動如山！

感謝警察除暴安良！

（引文結束）

簡註：

（一）籮拔

亦作羅拔，香港地區流行的潮語，語源未詳。有多種解釋，都屬貶義。在此泛指辦事能力低。

（二）疾如風，徐如林，侵掠如火，不動如山

語出《孫子・軍爭篇》：「故其疾如風，其徐如林，侵掠如火，不動如山，難知如陰，動如雷震。」日本戰國時代大名武田信玄（一五二一至一五七三）據此，作為軍旗的標誌。「風林火山」較為香港年青人熟知。

後記：

三名香港警察，在龍和道拘捕兩名滋事分子時，曾被過百名黃巾賊包圍，沉著應付，最終完成拘捕行動。相關的錄像後來成為中國內地公安部門訓練用教材。

十月十八日早上賽後評述

（引文開始）

今回：

妖獸都市五棍圍攻六八九

人間地獄群魔再陷旺角街

十七日凌晨警方一度掃蕩旺角黃巾賊，但到晚上死灰復燃。

黃巾賊的所作所為，可以用粵語片時代名小生呂奇哥哥的名句形容：「卑鄙，無恥，下流，賤格。」現時黃巾賊在旺角再佔上風，網絡上謠言滿天飛。個別反黃巾賊的藍絲帶陣營成員又再動搖，罵起六八九來。

平心而論、六八九上台兩年，不斷被五棍圍攻，沒有停過一日。那五棍？

一：政客棍，偽民主派議員（自稱「泛民」）；

二：法律棍，包括狀棍與枉法判官；

三：宗教棍；

四：學界棍，包括大學教員、中學教員、粗口教師工會、偽學生組織；

五：傳媒棍。

六八九捱到今時今日，根本係奇跡！

六八九落台,試問邊個撐得住?

黃巾賊受「佔中邪教」蠱惑,已經失理智。凡是邪教,都服從一條基本守則,就是鼓煽信徒反對父母、仇視父母。

仇恨,是維持邪教運作和提升力量的不二法門。

佔中邪教黃巾賊針對三個方面散播仇恨:

一:中國共產黨及大陸人(侮辱為「蝗蟲」);

二:六八九及政府(斥責為「港共政權」);

三:警察及其家屬(謾罵為「警犬」、「公安」)。

香港沒有黃巾賊足跡的地區,運作如常。黃巾賊佔領區已變成「妖獸都市」、「人間地獄」。

黃巾賊裡面,上至攪手、下至陣前小鬼,都已令沉默的香港人感到神憎鬼厭、天怒人怨。

佛教有所謂三毒,即貪、嗔、癡;黃巾賊都是三毒齊備,言行則是三惡道合璧,即是畜生、餓鬼、地獄。

以儒家觀點視之,孝、悌、忠、信、禮、義、廉、恥、智、仁、勇都失去。

最起碼的人性、愛心、道德蕩然無存。

孟子說的惻隱之心、羞惡之心、辭讓之心、是非之心都失去。

「幼吾幼以及人之幼,老吾老以及人之老」亦不管。

香港何去何從？

水浸眼眉，先顧目前。

最理想是警方能戰勝黃巾賊，現時警力三萬，街上黃巾賊有數千，但因為佔中邪教的洗腦頗為成功，隨時可以用一件小事誘導更多黃巾賊喪師上街。反黃巾賊的市民，每因有家有業而不能加入，於是造成現時的拉鋸局面。黃巾賊多時，警察唯有暫時撤退，待深夜才重行清場。若論戰鬥力，則黃巾賊只敢用遮，警則逐步提升裝備及武力，暫時無需悲觀。

萬一警方不能制服數千黃巾賊，市民應要有心理準備，解放軍進場掃蕩。

可是佔中邪教的首腦各據山頭，人多嘴雜，亦各懷鬼胎，不宜排除突然瓦解的可能。

五棍繼續各自做出卑鄙無恥下流賤格之事，醜態百出。

良民可以怎樣？

以平常心去看

不到佔領區為上策，不要騷擾警察做野為宜。

（引文結束）

十月十九日早上賽後評述

（引文開始）

一如所料，「禿鷹」曾偉雄日頭一浮頭，夜晚就出警棍對付佔旺黃巾賊。

呢個顯然係「轉捩點」，以後警察會提升武力，黃巾賊扮和平，只用雨遮，肯定唔夠砌。

而且九千人頂到實，警察出三幾百友就打到你班賊頭破血流。

好似晉秦淝水之戰，秦軍雖兵多，僅屬烏合之眾，而且大部份未到前線。晉軍北府兵卻稱精銳。

戰場上勝負之數已定，重要打幾耐，視乎黃巾賊重有乜符刺激喪屍兵團的士氣。

戰場外，已有市民自發去阻民主黨長舌劉慧卿，以後所有「飯民」都不得安寧，作賊自然心虛，隨時樹倒猢猻散。

（引文結束）

簡註：

（一）日頭

廣府話口語稱太陽為「日頭」，引伸為「大白天」。

（二）浮頭

「浮」在此讀如「蒲」。「浮頭」指水生動物浮出水面，

露出頭部。引伸為某人一段時間沒有公開露面，然後再次出現人前。

（三）砌

同音假借，在此解作「打架」，亦可引伸為「出力爭取」。

十月二十日下午賽後評述

（引文開始）

一夜無話，形勢膠著。

黃巾賊黔驢技窮，出動到小學生！

「六八九」仍用虛虛實實的手法對付黃巾賊，陸陸續續有各界「勢力團體」落注！

先前觀望成敗的人，開始表態。

估計「林鄭奶媽」與「學癱五恥」講數之後，黃巾賊醜態更現。

何解？

「學癱」原本係由一班不學無術的大學生組成，禮貌、辯才、學識都唔掂。

若在城市論壇，有「傷港賤台射屎瘋」包庇，可以隨時插嘴同打亂異見人士的話柄。現在由大學校長做主持，兼係直播，只要主持公正執法，班「學癱」廢物一定更加出醜。

估計今晚警察唔會主動清理佔旺黃巾賊。

（引文結束）

簡註：

（一）林鄭奶媽

　　個別傳媒對政務司司長林鄭月娥的戲稱。指林鄭月娥多次出面為司局官員解困，有關司局官員不稱職。林鄭司長如同奶媽帶未戒奶的小孩。

（二）學癰五恥、傷港賤台射屎瘋

　　屬「影射文學」，故不作詳解。

十月廿一日下午賽後評述

（引文開始）

　　因為政府與學聯談判在今日黃昏舉行，各線暫無戰事。

　　黃巾賊窮途末路，有何新的垂死掙扎手法，還看今晚。

　　各個黃巾賊佔領區出現兒童黃巾賊！

　　稚子何辜？罪在父母。

　　人生在世，許多事可以自由選擇，但亦有部份不得人挑選。

　　親生父母即是其中之一。

按佛家觀點，投胎到某家皆屬業力牽引。

黃巾賊毒害小孩，非止一日。

早前就有「偽民邪教」的組織拿小孩洗腦。

有圖為證。

（引文結束）

後記：

所謂「佔中行動」，原本明言不讓未成年兒童參加。

可是付諸實行之後，大量未滿十八歲的中學生參與各種破壞活動，當中不少有可能已構事刑事罪行。此時，更有黃巾賊帶同小學生，甚至學齡前幼童到「佔領區」趁熱鬧！

十月廿二日凌晨賽後評述

（引文開始）

政府與學聯的會談，未開始就知雙方都在擺姿態。

政府期望憑無刪剪的直播，讓市民看清「學生代表」的不學無術、思想混亂、立場搖擺。「佔中邪教」則希望借會面提高黃巾賊的士氣。

會面結果應該是政府得益多，因為會爭取到更多對政治漠不關心的市民支持；「佔中邪教」則不會因會談而得到新的支持者，只能令原有支持者更堅定而已。

此下，講講「黃巾之亂」發動以來引起的語業。

佛家講因果、講業報；黃巾賊有不少基督徒，基督教十誡除了有一條不可以借上帝之名起誓之外，就沒有特別規範信眾的語言。

業，分為身業、語業和意業。業有善業和惡業之別，若沒有特別指明，一般講身業、語業和意業，都指惡業。惡的身業，是做了不應該做的事；惡的語業，是講了不應該講的話；惡的意業，是想了不應該想的事。

口業大致分為惡口、妄語、綺語和兩舌。

惡口。惡口指不斷謾罵、無根由的詛咒。在今次黃巾之亂，體現為對異見者的咒罵，以黃巾賊罵警察為大宗，而藍絲帶也有罵黃絲帶的。對警察用惡口，以二零一三年夏天為分水嶺，林慧思阻差辦公，並以粗言穢言辱罵警員，她是天主教寶血會培靈小學的教員。然後，天主教陳日君樞機為包庇她，吩咐信徒用粗口罵梁振英。黃巾之亂二十多天，我們不斷看見不同背景的黃巾賊大言不慚地指點警方應該怎樣執法，一個二個警務處長上身！

妄語。妄語指的是說出毫無根據的謊話，將其是非顛倒，令人真假莫辨。「佔中」運動由鼓吹到執行，我們見到如戴耀廷、黃之鋒、周永康等人，沒有停過妄語。

綺語。綺語包括不誠實的讚美，我們看看這一兩年內黃之鋒得到的溢美可見一斑。這次會談之後，仍有不少黃

巾賊捩橫折曲，褒美這「學聯五恥」。

　　兩舌。兩舌指搬弄是非，挑撥離間。我們見到太多各級教師破壞年青人的人際關係，以便招納更多「黃巾賊喪屍兵團」。近日，大學教員鄭松泰叫年青人與父母反目的言論是典型。

（引文結束）

十月廿三日早上賽後評述

（引文開始）

　　佔旺黃巾賊之中，有一個傻人，經常裸露上身，穿短褲，露出兩邊腹股溝，非常損害市容。此獠昨日被打，掛彩流蚊飯；晚上又中了屎彈。大快人心。香港市民以舉世無匹的忍耐和包容，經歷二十多天飽受黃巾賊霸路之苦，情緒已經到達臨界點。

　　「學聯五醜」在會談的表現，得到兩極的評價。忽然間香港大學鬼仔校長放風，提及對學生從輕發落，相信「六八九」必定峻拒。「學聯五醜」求饒不成，再次「懵佬想小姐」，竟然抬價要同中央官員開會！

　　結論：黃巾賊已成「塚中枯骨」。

　　展望（基本不變）：

一：警察成功清場，對黃巾賊有限度秋後算帳。

二：警察無力清場，「解放軍人民子弟兵」清場，取消一國兩制，對黃巾賊有限度全面秋後算帳。

現在，應該撤離旺角，警察隨時會用強大武力清場。除非「學聯五醜」、「佔中三恥」同你並肩作戰，守衛旺角陣地，否則犯不著被出賣做炮灰，作為人家換取「特赦」的籌碼。

（引文結束）

簡註：

（一）流蚊飯

多個品種的蚊嗜吸人血，故廣府話俗語戲稱人血為蚊飯。流蚊飯指人受傷流血。

（二）屎彈

「抌屎彈」是香港地區常見的惡作劇，通常是住在多層樓宇上高層的人，因不滿街上有人做出滋擾的事，而作報復。辦法是用膠袋盛載人糞，從高樓大廈擲到街中，膠袋因撞擊而破裂，令內裡的穢物四濺。所有穢物不限於糞便，亦可以是尿液，或兩者合用。故又有「尿彈」。

（三）懵佬想小姐

懵，解作對世事懵然無知。「懵佬想小姐」是譏諷無知的

男人，妄想能夠娶得千金小姐為妻。一般用法是形容人高估了自己的條件或能力，產生不設實際的幻想。

十月廿四日下午賽後評述

（引文開始）

服妖楊芝晴男人佬狗封公主

附醜曾焯文笨賊傻瓜諡文忠

　　董伯第二次見記者，黃巾賊散播謠言，話佢捧「梁粉松」出來頂「六八九」個位。

　　真係吹水唔使抹嘴。

　　「六八九」呢幾日無乜攪作，似係「養寇自重」。

　　小股黃巾賊無處發洩，去獅子山掛招魂幡，又去圍林鄭奶媽的官邸，只會繼續浪費黃巾賊的殘餘能量。

　　各線無大戰事，講下笑話。

　　陳雲，號稱「國師」，反對者叫佢「妖師」，佢話要建立香港城邦，其實係「太平天國」的水平。因為此人無抱負，做個「國師」就滿足，卻去封公封侯，對中國歷史文化其實矇查查。你陳雲起碼都要撈一個「香港城邦終身總執政」啦，否則遞日死落黃泉，要見笑於「九龍皇帝曾

62

灶財」呀！

有一件「楊芷晴」，男扮女裝，被陳雲封為「昭明公主」，可能國師唔係點讀《五行志》，唔知「服妖」必定無好下場。

抄一段史書內容：「時三輔吏士東迎更始（劉玄），見諸將過，皆冠幘而服婦人衣，莫不笑之；及見司隸（漢光武帝劉秀）僚屬，皆歡喜不自勝，老吏或垂涕曰：『不圖今日復見漢官威儀！』」

自來成大業者，必定要有「威儀」。劉玄的軍隊男穿女服，注定敗亡，劉秀的手下就唔同咁樣，宜乎成就中興大業。

最好笑係個「曾焯文」，封為「文忠公」。其實稍為讀中國書的文人，都知「文乜公」、「文物公」係諡號，死左之後先至由皇帝追封。例如，范仲淹係范文正公、曾國藩係曾文正公，蘇軾係蘇文忠公。

如果要正正經經封公，可以學下漢末曹操係魏公，北宋王安石係荊國公，清代阿桂係一等誠謀英勇公。

家下陳雲國師封曾焯文做「文忠公」，授受皆歡，「香港城邦」邊度會有前途？

等我教你地啦，應該封「北角公」、「灣仔公」、「上環公」先至有學問㗎！

（引文結束）

簡註：

（一）男人佬狗

　　指成年男人，語氣比較粗俗。

（二）梁粉松

　　影射文學，不作詳解。

（三）一件

　　「件」本是用於死物的量詞，用在人則帶有輕視義。

（四）九龍皇帝曾灶財

　　曾灶財（一九二一至二零零七），香港著名塗鴉者，自稱九龍皇帝。其「書法」毫無法度，據其言行，可能精神有問題。

十月廿五日下午賽後評述

（引文開始）

黃巾賊究竟想點？

　　甲午香江黃巾之亂，破壞香港民主、自由、人權、法治已近一月，現總結一下黃巾賊的全部訴求。因為人多嘴雜、七口八嚴巉，「佔中三恥」、「學聯五醜」等各山頭賊首都可以發言，夠列一張長長的清單。

（甲）針對特區政府者：

「六八九」梁振英下臺

林鄭「政改三人組」下臺

特區政府向人大重交報告

（乙）針對選舉者

要「真普選」

普選要符合「國際標準」

二零一七年行政長官選舉必須有「公民提名」

廢除「功能組別」

（丙）針對北京中央政府者

學聯要與中央官員直接對話

人大要收回「八三一」決定

人大要就「八三一」決定道歉

修改《基本法》

小結：

究竟你地班黃巾賊想點？

（引文結束）

十月廿六日早上賽後評述

（引文開始）

縱橫自在無拘束，心不貪榮身不辱

很喜歡丘處機這兩句詩。

甚麼是「貪榮」？我理解為「騙取不應得的名譽」。黃巾賊首中的戴耀廷是個典型。

戴某是何許人？

他出身「學運邪教」，即是參加過大學的學生會，做過「學生代表」。事功上面講，他是一個平庸的大學教員，在法律界、學術界無甚建樹。這一回「貪榮」，做了「佔中運動」的倡議人、召集人，風光一時，最終要「傾其所有」來「還債」。

其實，早在習總明言力撐「六八九」之時，黃巾之亂就注定要失敗，此後一個月的無聊動作，都是多餘。就好像《笑傲江湖》令狐沖與丹青生比劍，事後丹青生自言第一招已經輸了，以後一十八招都屬多餘，還說他大哥黃鍾公平日說他不夠風度沒有錯。

這幾天都在想「六八九」甚麼葫蘆賣甚麼藥？

《東方日報》說十月底期指結算是一個考慮，言之成理。

另一方面，當然是「欲擒先縱」，「薑茸」（張融and/or周融）終於出手，再玩簽名運動，第一日就有三十二萬個簽名，且不說有幾多灌水成分，黃巾賊個多月來「損人不利已」，已經神憎鬼厭，民心向背實在很清楚。「六八九」有呢個「數字」，大條道理話順應民意去清場。

另外一個考慮，似乎是「阿爺」有意逼所有人表態，除了政界的建制派之外，所有「大孖沙」都要站隊。高永文說「大部份」官員都會去簽名，這句話耐人尋味！其餘的「小部份」自是「內奸」。

還有另一個「轉捩點」，無線《講清講楚》玩謝周永康，難道是向來偏頗的傳媒也開始玩「兩面刀」？

「學聯五醜」咁「大支野」去同「林鄭奶媽」開會，等於承認自己係「攪屎棍」。最好笑「五醜」之中，有兩個係「陪太子讀書」，周永康、岑敖暉、梁麗幗較多曝光，遞日畀人告到去坐花廳都抵，起碼威過。另外兩個傻仔就係無人記得佢地姓乜名乜、行就行先、死就死先、企就企兩邊的「茄喱啡」。

重申：

「六八九」會好快下令清場，並要求警察盡量減少流血。總之，無人死就算非常成功。

然後，係「秋後算賬」，無得「走數」。

好多人睇過湯告魯斯的電影《職業特工隊》，我地老餅就自細睇《麗的電視》的配音片集《職業特工隊》，每次范占士聽錄音帶，都有一句：「如果任務失敗，美國政府係唔會承認知情。」然後先至係人人都記得的：「呢卷錄音帶會在幾秒鐘之後自動毀滅。」

戴耀廷、周永康等人，終其餘生，難以再在香港立足。天地之大，何處容身？

呢鑊認真「甘」。

「心不貪榮身不辱」呀細路！

（引文結束）

簡註：

（一）薑芧

　　「泛民」對周融先生的虐稱。

（二）阿爺

　　香港常用詞，泛指北京中央政府的最高領導人。

（三）大孖沙

　　指有勢力、有影響力的富人。有人認為「孖沙」即英文的「master」，此說可參考。

（四）大支野

又作「大枝野」，泛指自大的人。

（五）攪屎棍

屎，常比喻為麻煩而難處理的事。「攪屎棍」指經常立心搗亂的人。

（六）茄喱啡

本指電影業中待遇和地位都較低的特約演員，現泛指沒有人重視的小腳色。有人認為語源是英文的「carefree」。

（七）老餅

泛指年紀已老而思想落伍的人，其年齡層沒有絕對定義。對於十來歲的青少年來說，二三十歲的成年人也可以是「老餅」。

（八）職業特工隊

上世紀六十七年代一齣美國電視劇，英文原名為「Mission Impossible」。原劇集中的對白為：「As always, should you or any of your I.M. Force be caught or killed, the Secretary will disavow any knowledge of your actions.」至於粵語翻譯，因為年代湮遠，筆者記憶可能有誤。

十月廿七日早上賽後評述

（引文開始）

警察等乜？「六八九」等乜？「阿爺」等乜？

近日好多飽受「黃巾賊」霸路影響的市民都有個疑問。

既然「黃巾賊」係犯法，警察做乜重唔清場拉人？

據市面上流行的講法，有以下理由：

一：等十月底期指結算。

二：等法院頒「拘捕令」。

三：等人少少先至出手，減少流血。

第一個講法，係怕在唔適當時候清場會引致股市大跌，畀國際大鱷有機會在期指市場大賺。

第二個講法，係市民的申請的禁制令，不足以叫警察清場，拘捕令先至可以。

第三個講法，「阿媽係女人」。如果不計流血，晨早用大武力就攪掂，使鬼拖咁耐咩？

今早，《東方日報》頭條以「匯港通」無限期擱置為題。

呢單新聞，可以跟日前新華社點名指香港幾個大有錢佬未表態有關。

香港係金融中心，靠「金股齊鳴」食飯，而家個勢，似乎「阿爺」係有心逼大有錢佬表態、逼財經金融界表態。

「你睇！黃巾賊攪到『匯港通』都無埋。破壞香港國際金融中心的地位！」

呢回用經濟懲罰香港人剿滅黃巾賊不力。

黃巾賊已經神憎鬼厭，是後亂平，點樣清算都會得到大部份香港人支持。

其次，係逼建制派表態。簡單來講，高永文係正正經經表態，曾俊華、張炳良、曾鈺成就顯得太過縮骨。

另外，「黃巾賊」垂死掙扎，手段越見「低裝」。例如，「張融」再攪簽名，黃巾賊又再次搗亂，非常無聊。又如，「傷港賤台」所謂記者，竟然走去「撐警集會」問人，收左幾多錢來集會！唔打佢都唔係人啦！

所以，我唔會去集會，費事一時火遮眼出手打黃巾賊。我地身家清白，犯唔著惹官非嘅。

小結：

場一定要清，血一定要流，秋後一定要算賬。

只係唔知幾時，呢個可以賭下外圍，小注怡情。

（引文結束）

十月廿八日下午賽後評述

（引文開始）

重唔清場？

警察等乜？「六八九」等乜？「阿爺」等乜？

今日恐怕要修正先前的觀察。

香港人可能習慣左「自大」，以為自己的世界，就係全個世界。

如果我地從「習總」的角度去睇問題，「香港問題」只係「中美大戰略棋局」的一個小部份！

如果以一局圍棋十九乘十九等於三百六十一個目來比方，香港部份只佔成局棋唔夠十子八子。

睇來香港人都逐漸習慣左黃巾賊阻路，如常生活。

「阿爺」唔急清場、「六八九」亦唔急清場。

「法律黃巾賊」仍然掙扎，教班「黃巾賊喪屍兵團」玩違法，最後都係「攬住死」。

有可能等各個不同界別的「賢達」出來指責黃巾賊。

大有錢佬唔表態、金融界唔表態、旅遊業唔表態，等等，等等。

只有幾百醫生登報表態，只算係開始。

幾時大律師公會同律師公會出來，鬧黃巾賊呢？

等睇戲！

睇來，「六八九」係「爆陰毒」，等全香港人都痛恨黃巾賊。

呢場黃巾之亂，真係可能重有排拖。

黃巾賊內部已經鬼打鬼，「大學教員黃巾賊」來個「棚尾拉箱」，好無義氣！

「學生黃巾賊」點應對？

拖落去，兩年後立法會選舉「飯民」真可能一舖清袋。

小結：

唔係黃巾賊，就唔好去佔領區，亦唔好動粗。

唔忍唔忍都忍左一個月，忍忍下就慣。

總之，多行不義必自斃。有家有業的香港人，犯唔著逞一時之氣，學班黃巾賊犯法。

唔值得。

（引文結束）

十月廿九日晚上賽後評述

（引文開始）

所謂「不疑不卜」，自黃巾亂起，從來沒有想個占卦預測。

對黃巾之亂有兩點觀察：一，此亂必定失敗；二，「六八九」必為大贏家。

日前有行家告知，有人在十月初占卦，問「佔中」的成敗。得離上離下，離卦，六爻不動，問行家卦象當作何解。常言道：「占卦容易解卦難。」可謂各師各法。

行家用當代名家馮公夏先生的說法，凡六爻不動，可視作六爻皆動，此亦物極必反之理。

傳統說法，六爻不動用卦辭斷。

《離》：「利貞，亨。畜牝牛吉。」

「利貞」，按訓詁義，當解作「利於貞問之事」。按孔門易說，則解作「有利於正道之事。」

「亨」為亨通，又「畜牝午吉」，單看斷占詞，全屬吉利。唯是用繇辭斷易，必須考慮所問之事與卦德相配否。

例如南蒯將叛，筮得《坤·六五》：「黃裳，元吉。」子服惠伯認為：「忠信之事則可，不然必敗。」爻辭雖曰「元吉」，唯坤卦柔順，本不宜有大動作，作反之事自然「必敗」。又如諸葛亮死，楊儀自許可接任丞相，呼都尉趙正筮，得《家人》卦，儀「默然不悅」。《家人》卦辭為：「利女貞。」亦為安定守成之象，不是大展鴻圖之兆。離卦謂「畜牝牛吉」，中國傳統以牛性柔順，非是歐西以發情之公牛為喻，以牛為進取。「佔中」運動，用以脅迫政府，與造反義同，故與卦德不合。

另按《易林》，《離之離》云：「時乘六龍，為帝使東。達命宣旨，無所不通。」觀後兩句，則可斷為當政者吉，違抗當政者不利。

馮公所傳之法，合各動爻以觀事態發展之勢，應期則

用「七日來復」，每爻約七日。

《離・初九》：「履錯然，敬之，無咎。」

此錯，非對錯之錯，乃是犬牙交錯之錯，粵音如chok是也。黃巾之亂初起，履行甚麼「國際標準」，內外皆「敬之」。

《離・六二》：「黃離，元吉。」

黃巾賊以黃絲帶為記，這段時間聲望如日中天。

《離・九三》：「日昃之離，不鼓缶而歌，則大耋之嗟，凶。」

霸路引起市民不滿，陸續有人到佔領區與學生黃巾賊理論，學生黃巾賊詞窮理屈，竟然無賴到唱生日歌！「不鼓缶而歌」，真是靈驗到極！

《離・九四》：「突如其來如，焚如，死如，棄如。」

易例以「離四」為惡人，此爻一般解作有惡人作惡多端，民眾忍無可忍，擊殺之，而焚其屍。

一直想不到所指何人。近日田北俊被免去政協職務，原來應在此人！其遭免職，真「突如其來」，其政治生命倏然而止，豈非「死如，棄如」？

《離・六五》：「出涕沱若，戚嗟若，吉。」

此爻取象，有人要傷心流淚，估計應在個別黃巾賊首。七日之內可能揭盅。

《離·上九》：「王用出征，有嘉折首，獲匪其醜，無咎。」

此爻所講，為「王者」用武「出征」，有人「折首」。港人習慣簡稱「行政長區」為「特首」，但「六八九」地位穩固，田北俊攻擊之，自取敗亡，相信「折首」非指「六八九」。「佔中三子」間有被戲稱「佔中三丑」，近世中國大陸推出簡化字方案，醜、丑變成相通。誰人「折首」？耐人尋味！

由十月初起，六爻各七日，共四十二日。

黃巾之亂、佔中鬧劇，或在十一月中旬落幕歟？

（引文結束）

十一月二日晚上賽後評述

（引文開始）

黃巾之亂發動已超逾一個月，看來「六八九」仍然緊執習總指示，即「不流血、不退讓」的方略。黃巾賊軍心日見散渙。

近幾日無大事可記。然而各路黃巾賊的下作行為，越演越無聊，已不堪聞問。

趣事包括：

「十九才子」昇人「過一戙」；黃巾賊四出撐黃傘、掛

幡獻醜;假冒撐警簽名呃市民穿煲;佔領區污煙瘴氣等等。

再兼「張融」已集得一百五十萬個簽名,即使有灌水成份,數目亦不可忽視。

黃巾賊已經尸居餘氣,如塚中枯骨。

現在倒不如算一算先前有人卜得離卦的應期。

六爻不動,作六爻皆動算,每爻七日,約在十月三日起卦,每爻配日如下:

初九,履錯然,敬之,無咎。

(十月三日至九日)

六二,黃離,元吉。

(十月十日至十六日)

九三,日昃之離,不鼓缶而歌,則大耋之嗟,凶。

(十月十七日至廿三日)

此時期黃巾賊開始以唱生日歌遮醜。

九四,突如其來如,焚如,死如,棄如。

(十月廿四日至三十日)

田北俊「突如其來」被「棄如」,政治生命「死如」。

六五,出涕沱若,戚嗟若,吉。

(十月三十一日至十一月六日)

估計將有人「出滋沱若」,「戚嗟若」。

上九,王用出征,有嘉折首,獲匪其醜,無咎。

(十一月七日至十三日)

　　估計「王用出征」，有人「折首」，還「獲匪」，此「匪」可以洗定「八月十五」去「坐花廳」！

（引文結束）

十一月十二日晚上賽後評述

（引文開始）

　　黃巾之亂接近尾聲，先前有人占得《離》卦六爻不動，惹人暇想。

　　《易‧離‧上九》：「王用出征，有嘉折首，獲匪其醜，無咎。」

　　《易經》成書與晚周，經文中的「王」實為天子。

　　《易林‧離之離》云：「時乘六龍，為帝使東。達命宣旨，無所不通。」

　　《易林》成書與漢，書中的「帝」亦是天子。

　　原本習總講明要香港自行解決非法「佔中」，「王」與「帝」皆指中國最高領導人，當時就想此事總與習總扯上關係？原來APEC開會，習總與奧巴馬攤牌，明言「佔中」為非法，擺上中美談判桌，奧巴馬則與「佔中」劃清界線。

　　那麼「為帝使東」就有解了！中國疆土之東，是太平洋，彼岸是美國，這個APEC會中的P就是太平洋。習總發聲，乃是向美帝「達命宣旨」，掃蕩黃巾賊之後，道路

78

就「無所不通」了。

我少時候家中多看麗的電視，少看無線。當年有片集《職業特工隊》（Mission Impossible），每集范占士聽的錄音帶，最後幾句先講：「如果行動失敗，美國政府不會承認知情。」然後才是這「餅」錄音帶在幾秒鐘之後會自行毀滅。

「佔鐘」果然要中美高層攤牌才可以落幕，怪不得要拖了個多月！

奧巴馬政府因民主黨在參眾兩院失利已變成跛腳鴨，習總則「時乘六龍以御天」，再加上其他條件齊備，可以清場了！離，麗也。取「附麗」之義，美國佬縮沙，黃巾賊死路一條。若非賊首，或可網開一面。參與越深，他日秋後算帳越重。無得走數！

易繇辭經常有奇妙的解讀。按「有嘉折首」一句，黃巾賊之中，若是名字中見「有」字、「嘉」字，應當早早回家，否則有「折首」之虞，唔係講玩！

（引文結束）

後記：

這篇〈賽後評述〉是停了超過一星期之後再次留言，其間無事可記。香港市民對「非法佔中（鐘）」已經習以為常。

十一月三十日晚上賽後評述

（引文開始）

「黃巾之亂」仍未平息，大量「黃巾賊首」陣前棄友，棄械投降。

玩左兩個幾月，香港市民的包容、忍耐、堅毅、靈活，重現香港的「核心價值」或所謂「獅子山精神」。

「黃巾賊首」散水散得八八九九，只剩下一眾「喪屍黃巾賊」，已經黔驢技窮，現在以「鳩烏」為口號，實是不祥之兆。

「鳩烏」，原作「鳩嗚」，乃係模仿普通話「購物」的讀音，以「購」字的普通話讀音與廣府話粗口字相同。

反黃巾網民立刻幫黃巾賊刪減一個「口」，變成「鳩烏」，並且煞有介事的說成是一種害鳥，情況一如先前在中國內地熱爆的「草泥馬」（「操你媽」的諧音）。

「喪屍黃巾賊」已經失去理智，再顛落去，恐怕有人會「折首」！

禍福無門，唯人自招！

諸君珍重，無乜事，唔好去暴亂區趁熱鬧。

若住在暴亂區附近，請緊記：「眾事莫理，眾地莫企，無事返歸！」

（引文結束）

後記：

　　這次停得更長，超逾兩星期。特區政府在用「曹劌論戰」的策略，讓黃巾賊自行「再衰三竭」。

十二月二日晚上賽後評述

（引文開始）

　　廣府俗語有云：「唔怕犯天條，最怕犯眾憎！」

　　「黃巾之亂」其實已經完結，「六八九」大獲全勝！

　　現在「黃巾賊」的所有動作，無非是餘波而已。

　　美國政府推說無參與，英國議員要攪局又不能入境；黃巾賊等待的外援都不會出現。

　　重溫今日「六八九」的發言，長氣之極！許多句子都重覆一次，以示強調，那是防止黃巾賊和市民推說聽不到。先前「六八九」指出剛完結的「第二次龍和道戰役」中被補黃巾賊將會留案底，這顯然是「未審先判」，雖則那些「喪屍黃巾賊」補指參與「非法集結」而當場被補，很難不入罪。可是這樣「預先張揚」，未免有點「意氣風發」了！

　　各路黃巾賊首已陷入鬼打鬼的狀態。

　　「三恥」說明日自首，「雙學」以外的大部份黃巾賊

首都在明示暗示與這些「學生黃巾賊」割蓆！那倒有點似我們少時候看粵語長片常見的情節，戲中有婦女難產，「家庭話事人」下決定：「救大唔救細！」救「三恥」、教「議員」，唔救「雙學」！

「江湖風波惡」呀！

怪不得戴某、朱某都是「好爸爸」，得到其子女撰文褒獎表揚！

因為佢地無畀自己的仔女去「佔鐘」！

忽然想到給「泛民主派」一個新稱呼，他們不是「泛民」，是「反民」啊！

「反對民主」！

香港「反民」的「絕食」（hunger strike？）原來可以「飲雞粥」！

真是天下奇聞！

若然這也說得通，那麼我們廣東人還有誰不是每天都在「吃飯慢性自殺」？

傳教士說：「手無寸鐵！」

難道黃巾賊用的都是「紙紮雨遮」？

所以沒有「鐵骨」？

黃巾賊都是沒骨頭的「軟體動物」！

（引文結束）

十二月六日晚上賽後評述

（引文開始）

「黃巾之亂」怎樣「收科」？

報載耶誕前必定徹底清場，這個講法很合理。

黃巾賊的「垂死掙扎」越演越幼稚無聊，現在整理一下亂前和亂後的局勢。

一：

「六八九」大獲全勝，如果將「黃巾之亂」歸類為「顏色革命」，那麼就是「六八九」破天荒以「不死一人」而敉平動亂！當然，這假設由今天到完全清場那天，不會死人。香港警隊也是贏家！員工福利和部門資源都可能三級跳！「建制派」內的「反骨仔」陸續被「整肅」。

二：

「泛民主派」清袋，他們其實是「反民」！反對市民、反叛市民！

主要黃巾賊首會因應其參與程度而面對法律訴訟，以及相關監管組織追究他們涉嫌專業操守。

三：

「傳媒黃巾賊」清袋，完全失去公信力！

大量在黃巾之亂期間從事「新聞創作」而不是採訪工作的「記者」將要轉行。

四：

「學運邪教」清袋。

所謂「學生領袖」濫用市民的愛護，「黃巾之亂」以後，「學生黃巾賊」每次搗亂都會受到嚴厲制裁。

五：

其餘各界「黃巾賊」會受到不同程度的「秋後算帳」。

坐監，失去工作，在原來個人社交圈子中神憎鬼厭，等等，等等。

（引文結束）

第四章　黃巾之亂的成敗關鍵

Chapter 4　Key Factors of Success and Failure

Chapter Summary

A number of key factors of success/failure determined the result of the Yellow Ribbon Rebellion, 2014. They are:

(1) Leung Chun Ying comfortably out-ranks all members of the Anti-citizen Faction in terms of political manipulation skills, though Anti-citizen Faction has been trying their utmost efforts to disregard any performance of Leung's administration.

(2) Yellow Ribbon Bandit Chieftons are much inferior in moral standards. They lied frequently and never prepared to take any responsibilities of what they and their followers had damaged the community.

As representatives of a political opposition faction, Yellow Ribbon Bandit Chieftons could not nominate any respectable leader to head their movement, which is a prerequisite for any successful democratic campaign, such as what had happen in Poland, South Africa, India and South Korea etc.

前言：

　　「黃巾之亂」毫無疑問應該算是以失敗告終。

　　這次事件有外國傳媒稱為「雨傘革命」（Umbrella Revolution），香港本地參與者較多稱之為「佔領行動」

（Occupation Movement）。

行動之失敗，在於兩個月來由各路「黃巾賊首」提出一大串的訴求，並沒有一項得以實現。

凡此種種，筆者在〈賽後評述〉的一章多有討論。但是那一系列貼文都是每天以隨筆形式記錄，比較沒有系統，現在就稍作補充。

「法不責眾」學山賊

「佔領中環行動」原先說好了的一萬個「死士」沒有現身，根本難以發動。當初鼓吹「佔領行動」可以收效的宣傳重點，在於以一萬人非法佔領中環商業區心臟地帶，破壞香港金融中心的正常運作，做成大額經濟損失，從而迫使北京政府在香港政改問題讓步，聽從「反民」的指令行事。

當中的如意算盤是每個不合作的「死士」躺在馬路中「阻街」，就要勞動三至四個警員才可以抬離現場，香港根本沒有就這麼多警員。這是假設警隊只會使用「最低武力」，以免「死士」受傷。

為甚麼「死士」參加「非法佔領」不會有法律後果？

「黃巾賊首」說：「法不治眾！」

簡而言之，就是犯法的人太多，一則拉之不盡，二則

拘捕回警署之後，也沒有足夠人數問話和錄口供！

「法不治眾」，一作「法不責眾」。出自清人石玉崑的小說《小五義》第三十八回，故事寫七俠中的「暗俠黑妖狐」智化混入山賊巢穴，企圖劫走賊首鍾雄。因為賊巢有好幾個分寨，各寨中嘍兵甚多，當中有些寨主禁酒，智化便用語言引誘嘍兵犯禁，希望大批嘍兵喝醉。此時擅自喝酒本是死罪，但是犯禁飲酒的人多，總不能殺光所有犯規的小嘍囉。

「法不責眾」四字，正是作者敘述嘍兵議論是否一起犯禁時使用：「大家一議論，法不責眾，全走了。寨主一瞧全走了，他也喝起來了。」

「黃巾賊首」大都是社會上受過相當教育的專業人士，竟然用強盜思維來「爭取民主」，足證筆者稱他們為「賊」，絕不為過。

「六八九」安居平五棍

前文分析過，「黃巾賊首」可以按不同的專業界別分為「五棍」。一棍之內，成員又可以各據山頭；各棍之間，身份又可以有重疊。所屬利益集團既多，明面的訴求，或背後的動機都各有不同。

二零一四年九月，筆者出席一次午餐會做演講嘉賓，

略談中國的算命術，當時「黃巾之亂」仍未發生。到了交流時段，有參與問是否可以憑算命術看得出「六八九」甚麼時候下台。所謂下台，指一如董建華那樣，任期未滿就辭職（或被撤職）。筆者回答道，向來不習慣公開評論在生名人的命格，而且亦沒有「六八九」的出生資料。當下另一位男士言道，要找名人的出生資料也不難，而且可以只私下研究，不必公開。

筆者笑說，若單問「六八九」的去留，則不必算命。雖則自他上任以來，即將下台的謠言不曾停過。至於說「六八九」氣色很差，甚麼「印堂發黑」的，都無根據，多了白頭髮倒是真的。這麼一把年紀而工作繁忙，加速衰老亦在所難免。

「黃巾之亂」平息後，仍然有人白紙黑紙的預言「六八九」會下台，無視他「平亂」之功。若將這一回「佔中」說成是「革命」，則更屬鼎力為「六八九」敘功，試想一次又一次的「顏色革命」令歐、亞、非三洲幾多個國家的政府倒台？現在「六八九」不損一兵一卒，讓數以萬計非法佔領道路的人都回家去了，這樣平息一場「革命」，豈不是天大的一件功勞？

至於因何「阿爺」不會命令「六八九」辭職下台，下文會再討論。此下先談談「六八九」的政治手腕。

「六八九」的政治手腕

「六八九」自當選以來，與「反民邪教」關係密切的各路傳媒，沒有停過對他發動各種攻擊。曾經有一位小朋友（大學畢業有多年工作經驗的成年人）見筆者在「臉書」間有支持「六八九」的留言，曾說「六八九」很無能！筆者聽了之後，深嘆主流傳媒的「洗腦」能力。

「六八九」在任兩年，施政並無大過，倒也曾做出一兩件政績來。例如「二零一零年馬尼拉人質事件」吧，因為菲律賓政府和馬尼拉警方處理失當，導致八名香港旅客不幸被槍殺。上一屆特區政府處置失當，越過外交部直接找人家菲律賓總統對話，結果反而給人家大肆挪揄。「六八九」則有請中央政府出面，並高調宣佈實施制裁，事件最終得以解決。雖然此事可能有如廣府話俗語所講的「行運醫生醫病尾」，但是香港主流傳媒也不應「視而不見」。

另一成績則更明顯，即「六八九」新上任時，預先張揚會以行政手段對付「雙非問題」，一句話就將事件擺平了。「雙非嬰兒」，指父母雙方都不是香港永久居民（絕大部分是中國內地公民）而其生母在旅居期間在香港生下嬰兒，這嬰兒可以即時取得香港永久居民的資格及居留。這個社會問題源於香港終審法院一系列具爭議的判決，為

「雙非兒童」湧入香港，創造了有利條件。此事並非本書要討論的範圍。但事件顯示出「六八九」處事手法靈活。

「新光戲院救亡事件」更反映「六八九」的政治手腕和能力，遠遠勝過整個「泛民」（反民）陣營各政客的總和！

北角新光戲院是香港地區少數僅存的舊式電影院，向來是香港島重要的粵劇演出場地，過去多年都不斷傳出要停止經營的消息，主要原因是租務問題。

二零一二年「六八九」還未當選行政長官時，新光戲院的前途已經不樂觀，民建聯和自由黨這兩個屬於「建制派」的政黨中，有不少成員曾為新光戲院續租多番奔走，勞而無功。當有個別政圈中人走上街做「騷」（show，亦可譯作「秀」），差不多等於為新光戲院這個粵劇演出場地舉行「告別儀式」（喪禮）之際，忽然「柳暗花明又一村」！報載承租人李居明（劇團負責人、戲班班主）因為得到「六八九」穿針引線，找到業主的電話號碼，可以直接對話，最終能夠承租，延續新光戲院的生命！

新光戲院裝修後重開，「六八九」以「候任行政長官」的身份出席典禮，成了大贏家！「六八九」告知李居明戲院業主電話號碼的時機非常精確！若太早，先前出過力的政圈中人有可能跳出來爭功，剛好等到其他人都認輸投降，準備哀悼「新光戲院之死」的時候，「六八九」才

出手救命！這個情節，令筆者想到金庸小說《連城訣》的情節，武林高手丁典等到男主角狄雲停了呼吸而還未死透時，才出手救命！

其中一個可能，是「六八九」早與李居明及業主安排妥當，有了協議待各政黨放棄時才出手，以邀全功！果如是，則「六八九」的手段就非常厲害！這可算是用「陰謀論」來看「六八九」。若此事屬實，「泛民」（反民）還可以稍為安慰，若是另一個可能，則「六八九」不單政治智慧高強、政治道德也拋離「泛民」（反民）九條街！

第二個可能，當然是「六八九」根本沒有跟李居明和業主預先安排而俟機邀功，而是真真正正出力幫忙！那麼「六八九」就是真正關心粵劇！包括這門藝術的生存和發展，相關的從業員的生計，以及街坊長者的文娛需要！

「泛民」（實為「反民邪教」）一眾政客有這份心意嗎？

成語故事：探驪得珠

先講一個成語故事，名為「探驪得珠」。

典出《莊子‧列禦寇》，原文如下：

「人有見宋王者，錫車十乘，以其十乘驕稚莊子。莊子曰：『河上有家貧恃緯蕭而食者，其子沒於淵，得千金

之珠。其父謂其子曰：「取石來鍛之！夫千金之珠，必在九重之淵而驪龍頷下，子能得珠者，必遭其睡也。使驪龍而寤，子尚奚微之有哉！」今宋國之深，非直九重之淵也；宋王之猛，非直驪龍也；子能得車者，必遭其睡也。使宋王而寤，子為虀粉夫！』」

此下以白話文改寫，不算譯文：

「有人朝見宋王，獲賜贈十輛車，去找莊子炫耀一番。莊子說：『河邊有一貧家，以採摘水草編織成用具維生。兒子潛入深淵，取得價值千金的寶珠。父親知道後對兒子說道：「快用石將寶珠砸碎！這種價值千金的寶珠，必定在九重深淵中黑龍的下巴。你能夠採得，必定是趁著黑龍睡了。黑龍醒來，你還有命嗎？」現在宋國深不及九重之淵，宋王猛不及黑龍。你能夠得到車，必是宋王睡了。一旦宋王醒來，你就要粉身碎骨！」

「驪」本義是純黑色的馬，在此是「驪龍」的簡稱，即是黑色的龍。現時「探驪得珠」的用法已轉變為形容作文而能夠抓住重點，深得當中旨趣。

筆者提及這個故事，卻是要說明有些事僥倖成功，本來就靠「猛人睡著了」。

「六八九」上任以來，筆者多次從不同途徑聽說「六八九」一定不能完成五年任期，據說當中還有不少來

自與香港政圈的「消息靈通人士」。不少香港人對此深信不移，他們的想法是「阿爺」可以讓「董伯伯」以腳痛為理由下台，同樣可以找個理由叫「六八九」下台。而且，今時今日社會上「倒梁」的力度，比當年「倒董」還要大得多！

筆者每每想到「探驪得珠」的故事。

上次「倒董」成功，可以理解為「阿爺」睡著了。按當年的情況，以「董伯伯」下台討好香港人行得通，但事後誰都看得出是失策。這種失誤，豈能再犯？

若從政治分析，有沒有這次「黃巾之亂」，「六八九」都沒有下台的道理。若「阿爺」一再遷就香港人，以後誰人當行政長官豈不是由「反對派」控制？

寧有此理？

不祥之兆

此下談談有「導人迷信」之嫌的旁證。

即是「黃巾之亂」兩個月以來出現的種種「不祥之兆」。

第一項是「服妖」，前文已經說明。實情是「黃巾賊」當中，共有好幾個男扮女裝，身體是男人，打扮是女人，而且在傳媒跟前自稱女人。

第二項不祥之兆是不知那個傻瓜蠢材，提出「雞蛋撼高牆」的說法！其原意是讚美「示威者」不畏強權。可是「雞蛋撼高牆」會是甚麼結果？那不就正正是成語「以卵擊石」嗎？

「以卵擊石」實為不自量力，自取滅亡！

這一場「香江黃巾之亂」就逃不出「以卵擊石」的詛咒！

無怪許多有兒有女的「黃巾賊首」一味鼓煽人家的子女去「以卵擊石」，自家的子女就以各種不同的藉口，不讓其參與「雨傘革命」！

第三項是「佔旺」區一夥很有「太平天國」式邪教味的「黃巾賊首」，在「佔旺」區擺出滿天神佛的祭壇。當中赫然有關帝！

關雲長關二哥是怎樣起家？

讀過《三國演義》的人都知，關二哥是「斬黃巾」起家！第一回不就是〈宴桃園豪傑三結義、斬黃巾英雄首立功〉嗎？

第四項是「濫賞官爵」，雖然是網民鬧著玩，卻反映出這些自命懂得中國歷史文化的混人，只堪欺騙香港的無知「番書仔」！

「黃巾賊首」之中，有未嫁的女大學生自稱「娘娘」。另外，「城邦」又胡亂封公拜將。他們或沒有讀過

《後漢書·劉玄傳》：

「其所授官爵者，皆羣小賈豎，或有膳夫庖人，……長安為之語曰：『竈下養，中郎將。爛羊胃，騎都尉。爛羊頭，關內侯。』」

劉玄（？至二五）即「更始帝」，新莽敗亡之後一度帝位，旋即敗亡。中郎將、騎都尉是高級武官；關內侯則是高級爵位。「養」與「將」押韻，「胃」與「尉」、「頭」與「侯」亦押韻。「竈」即是「灶」，「竈下養」是「小廚工」，地位低微，羊胃、羊頭都是不值錢的食材，還要是爛，比喻其微賤。

這一小股「黃巾餘孽」的後運，可以「未卜先知」！

不道德的運動、不道德的領袖

「甲午香江黃巾之亂」必敗，清場後的餘波亦不會起到什麼重大作用。其深層次原因，還應該歸咎於「缺德」二字。在兩個多月間，黃巾賊的行為令人厭惡，卑鄙、無恥、下流、賤格，不一而足。

不論這算「革命」還是「運動」，因為運動本身不道德、帶領運動的領袖也不道德。

　　我們回顧近代的「民主運動」，反對派總得有個真真正正能夠領導群倫的領袖，波蘭有華里沙（Lesh Walsea, 1943- ），南非有曼德拉，印度有甘也，南韓有金大中（1924-2009）等等。

　　香港的「雨傘運動」有誰？有美國傳媒說是黃之鋒，這不啻是對香港「泛民主派」的最大奚落，也是對香港人的最大侮辱。

　　這個運動是怎樣的不道德？

　　這些領袖是怎樣的不道德？

　　此下，本書要轉到第二篇〈培育無知、散播仇恨〉。

第二篇　培育無知、散播仇恨！
Part 2　Nourish Ignorance and Disperse Hatred

博學之；

審問之；

慎思之；

明辨之；

篤行之；

《禮記 · 中庸》

Study broadly.
Quest comprehensively.
Analyze carefully.
Distinguish wisely.
Actualize sincerely.

Doctrine of Mean, "Classic of Rites"
Translated by POON Kwok-Sum

第五章 三權分立：倩誰錯教柳俊江？

Chapter 5　Separation of Powers: Who Misled Journalist Mr. Ryan Liu?

Chapter Summary

Hong Kong youngsters, in particular those post 80s and post 90s, had long been misled by their teachers and media that political institutions of Hong Kong used to be one type of the separation of powers structure. In fact, colonial Hong Kong borrowed Westminister Model and the Governor had long been the paramount leader of the colony. Britain (or UK) has been practicing Separation of Functions instead until the establishment of a Supreme Court in 2009!

柳君錯解三分權

「黃巾之亂」發生前某日，偶然在一個以政治為主題的電視節目，聽到新聞從業員柳俊江先生侃侃而談，說香港的政制向來都是「三權分立」，非常驚訝！

這怎麼可能？

香港的政制怎麼會是「三權分立」？

自上世紀七十年代，筆者稍稍懂事以來，香港的政制從來都不是「三權分立」，而是部分借用英國的「西敏寺模式」（Westminister Model）呀！

電視，尤其免費電視，是影響力最廣泛、最深入的大眾傳媒，電視有影像、有圖像、有聲音，間中有文字，針對觀眾的視覺和聽覺發放信息。

筆者自小從不同途徑得知，大眾傳媒有三大功能，即是為受眾提供以下三事物：

（一）教育（Education）；
（二）資訊（Information）；
（三）娛樂（Entertainment）。

官方電台製作的政論節目怎麼可以犯這種「初級錯誤」？

連最基本的資料都背離事實！

起碼在港英時代（一九九七年回歸之前），香港總督向來都是一人獨大，何嘗有過「三權分立」？

從港督職權說起

翻查資料，得知柳君於一九八一年出生，即是所謂「八十後」。一九八四年中英簽署聯合聲明的時候，柳君還在上幼兒班。柳君是從甚麼途徑「得知」香港政制是「三權分立」？

這有兩個可能。

一是學校老師所教。有可能柳君在上大學、中學甚或小學時，曾經聽過學校老師親口講，又或者學校所用的課本上寫得清楚明白。

二是自學得知。即從書本上讀到，如講述香港政治體制的入門教科書或專著，又或者是香港政府官方的刊物等等。

二者選一的正確答案，應該去問柳君本人，可惜結果都是錯！

近一兩年，問過一些大學生，都說中學「通識教育科」是這麼講！

反了！

這「通識教育科」還可以不受監察而繼續散播謠言嗎？

香港政制，應該由港英時代講起，姑且拿柳君出生那一年香港官方刊物的內容，作為討論的起點。

且看《香港一九八一年：一九八零年的回顧》，這是香港政府每年更新的官方刊物，介紹前一年香港的實況，等於官方認可的年報。新的一期在書名更改年份就是，內容豐富，涵蓋政治、經濟、民生、社會等層面。現引用當中所提及「香港總督」與「行政局」的內容：

香港是由香港政府管治的地方，現行政制依照英國殖民地傳統形式，以總督為政府首長。政府中央組織有兩大諮詢機構，即行政局和立法局。⋯⋯

香港總督

總督代表英女皇，以政府首長的身分主持行政及立法兩局的會議。……凡經立法局通過的法案，須總督同意才成為法律。除在嚴格規定的特殊情形下，香港每一項政令均由總督負責。因此，總督對本港各項政策的施行，具有很大的影響力。

香港總督由女皇任命，權力具見英皇制誥。制誥指定總督兼任本港三軍總司令，並須遵守香港法律，以及遵行英女皇或外交及聯邦事務大臣的訓令。……

……

行政局

……

行政局全年內通常每周舉行會議一次，向總督提供意見。根據皇室訓令，除極端緊急事項外，凡制定重要政策，總督均須諮詢該局。

……

行政局討論的事項，俱由總督決定。如總督的決定與大多數議員的意見相反，總督須向外交及聯邦事務大臣申述理由。

《香港一九八一年：一九八零年的回顧》，頁191

香港島因清代道光年間中英戰爭而被迫割讓，英國人在香港成立殖民地，政制依照英國早年在全球侵略的傳統。

香港總督權力很大，可以在以下幾項政制特點反映：

（一）行政局和立法局只是港督的「諮詢機構」，何來「三權分立」？

（二）立法局通過的法案必須總督同意才能成為法律，暗示總督有「否決權」；

（三）總督可以不採納行政局大多數議員的意見，不過須向上級解釋，表示總督在行政局內可以「獨裁」。

再看立法局：

……除總督及其他當然官守議員外，所有議員均由英女皇委任，或由外交及聯邦事務大臣諭令總督委任。

立法局的主要任務，是制定法律，控制政府的開支。但英女皇有權駁回立法局已通過並經總督同意的法例。此外，英國國會可制定在香港有效的法律，而女皇會同樞密院亦可運用君權或英國國會法今所賦予的權力，為香港訂立法例。

立法局財務委員會，由布政司任主席，成員包括財政司、工務司和立法局全體非官守議員。

《香港一九八一年：一九八零年的回顧》，頁192

　　當時立法局的議員分為「官守」（Official）和「非官守」（Unofficial）兩類。前者是政府高官，後者全屬委任，簡單來說，都是「自己人」。

　　此外，還有另一重保險。即使立法局通過，再加港督同意，英女皇仍可以駁回任何香港「殖民地」的法律！因此，實際上立法局的立法權形同虛設！英國統治者滿意的，就「准予照辦」；不喜歡的，可以隨意推翻！

　　附帶一提，立法局財務委員會，例由布政司（Chief Secretary）擔任，即是「行政權」入侵「立法權」。實情是部份議員既是行政局議員，同時也是立法局議員，「行政權」與「立法權」混在一起，這個證據足以推翻「三權分立」的說法。

　　由是觀之，香港總督代表的「行政權」，顯然凌駕於「立法權」之上。

　　再看「司法權」：

　　總督根據英皇制誥，遵照英女皇經由外交及聯邦事務大臣頒發的訓令，委出首席按察司、上訴庭按察司和原訟庭按察司。……

　　……英國憲法規定司法獨立，司法人員執行職務時不受立法或行政機關牽制，本港亦遵守這個基本原則。

　　……

本港最高的法庭是最高法院上訴法庭……該庭的審裁權相當於英國上訴法庭的審裁權。上訴人如不服該庭判決，可再向倫敦樞密院的司法委員會上訴。

《香港一九八一年：一九八零年的回顧》，頁198

單從上述文字，還看不出為甚麼當時香港的「司法權」其實沒有獨立於「行政權」之外。

真相可以從羅弼時爵士（Sir Denys Roberts, 1923-2013）的官途反映。

羅弼時在一九七三年至七六年擔任「輔政司」（Colonial Secretary），一九七六年至七八年擔任「布政司」（Chief Secretary），此時柳君還未來到這個世界！二者官名雖然不同，其實都是港英時代「行政部門」的第二號人物。因為「輔政司」的中英文名都屬「政治不正確」，中文本用作輔助皇帝，英文又赤裸裸講「殖民」，便在一九七六年改名。回歸之後，「布政司」又再改名為「政務司司長」（Chief Secretary for Administration）。

羅弼時做完「布政司」之後怎樣？

轉為「首席按察司」（Chief Justice），任期是一九七九年至八八年，羅官退休時，柳君才是個小學生。「首席按察司」是港英時代「司法部門」的首長，等於回歸後的「終審法院首席法官」（Chief Justice of the Court of Final Appeal）。

筆者自問孤陋寡聞，不知道世界上實行「三權分立」的重要政體，有沒有試過「行政部門」第二號人物，轉任「司法部門」第一號人物？

若以美國比方，那就略等於副總統「轉行」去當最高法院首席大法官！

此下，再看一九九七年香港回歸前港英政府的「新說法」，以一九九六年出版的年報為例（此時柳君是中學生）。先是：

概覽

香港政府負責治理香港，政府的首長是香港總督。總督是英女皇在香港的代表，在治理香港政務方面，具有最終的權力。行政局就重要政策向總督提供意見。

代議政制三層架構的中央層面為立法局。該局負責制定法律、控制公共開支、以及監察政府的服務表現。

《香港一九九六年：一九九五年的回顧》，頁5

由柳君未出世到柳君唸中學期間，港英政府改變了官方明文規定的政制，立法局不再是港督的諮詢機構，即是減了行政部門的權力，並企圖將行政權和立法權分割。

下文更是不盡不實：

憲法

英皇制誥為香港政制訂下基本架構，連同皇室訓令，兩者構成了香港的成文憲法。

……

雖然從上述憲法文件來看，英國政府似乎有很大權力決定管治香港的方式，但實際上香港大都自行管理本身的事務和決定本身的政策。同樣，總督一向甚少用盡本身的權力。

《香港一九九六年：一九九五年的回顧》，頁6

這個顯然是當時的港督彭定康（Christopher Pattern, 1944-）指令下屬編造的謊言！

曾經有香港政府前任高官「洩漏機密」，這個守不得秘密的混蛋說過，回歸前做港府高官很容易，每天上班就先去看看傳真機（再早期是電報）有沒有收到英國那邊的工作指示！

「香港自行管理」當然沒有發生過。「總督甚少用盡權力」也是胡說八道，如果歷任港督曾經「未盡全力」，請問餘下的權力由誰去「行使」？

這可不是騙人嗎？

彭定康之徒騙得柳俊江先生，騙不得如筆者這個年齡、這個閱歷的「老香港」！

　　然後是涉及立法局職能的部份：

　　立法局的議事程序由立法局會議常規及立法局（權力及特權）條例規管，而會議常規的權力則由頒行香港的皇室訓令賦予。立法局的主要職責是透過向政府提出有關公眾利益事宜的質詢，以制定法律、控制公共開支及監察政府的施政表現。政府負責擬訂有關立法及公共撥款的建議，提交立法會審議。

　　　　　《香港一九九六年：一九九五年的回顧》，頁7

　　還有司法部門：

　　本港的法律制度，穩建於法治及司法獨立的基礎上。關於香港問題的中英聯合聲明，及中華人民共和國頒布的香港特別行政區基本法內列明：現時的司法制度於一九九七年後仍會維持，惟終審法院會取代英國樞密院司法委員會，成為本港最高上訴機關。

　　　　　《香港一九九六年：一九九五年的回顧》，頁24

　　香港的政制並不是港英政府說了算，《基本法》當然比港英時代的官方香港年報更加權威。

再看基本法

「三權分立」的政體，重在「制衡」（後文會另有章節再解釋），於行政、立法之間常體現於兩點。一是行政部門解散立法部門的權力，一是立法部門罷免行政部門首長的權力。以香港特別行政區現時的情況，就是行政長官和立法會之間的「制衡」。

按照《基本法》規定，立法會並無罷免行政長官的權力：

如立法會全體議員的四分之一聯合動議，指控行政長官有嚴重違法或瀆職行為而不辭職，經立法會通過進行調查，立法會可委托終審法院首席法官負責組成獨立的調查委員會，並擔任主席。調查委員會負責進行調查，並向立法會提出報告。如該調查委員會認為有足夠證據構成上述指控，立法會以全體議員三分之二多數通過，可提出彈劾案，報請中央人民政府決定；

> 《中華人民共和國香港特別行政區基本法》，
>
> 第七十三條，第九節

足見立法會只有「彈劾權」，「罷免權」則歸於中央！

反過來就不一樣，先談行政長官對立法會的「否決權」：

　　香港特別行政區行政長官如認為立法會通過的法案不符合香港特別行政區的整體利益，可在三個月內將法案發回立法會重議，立法會如以不少於全體議員三分之二多數再次通過原案，行政長官必須在一個月內簽署公佈或按本法第五十條的規定處理。

　　《中華人民共和國香港特別行政區基本法》，第四十九條

　　立法會原本只需過半數議員贊成，就可以通過法案。行政長官有權發還重議，這就是「否決權」。若行政長官否決法案，立法會要增至三分二大多數，才可以推翻行政長官的「否決」。換言之，行政長官一人的權力，使用時約等同於六分一個立法會！

　　行政長官還有最後一著，就是「解散立法會」：

　　香港特別行政區行政長官如拒絕簽署立法會再次通過的法案或立法會拒絕通過政府提出的財政預算案或其他重要法案，經協商仍不能取得一致意見，行政長官可解散立法會。

　　行政長官在解散立法會前，須徵詢行政會議的意見。行政長官在其一任任期內只能解散立法會一次。

　　《中華人民共和國香港特別行政區基本法》，第五十條

　　如果行政長官解散了立法會之後，重選的立法會仍不

「聽話」，行政長官才必須辭職：

香港特別行政區行政長官如有下列情況之一者必須辭職：

(一)因嚴重疾病或其他原因無力履行職務；

(二)因兩次拒絕簽署立法會通過的法案而解散立法會，重選的立法會仍以全體議員三分之二多數通過所爭議的原案，而行政長官仍拒絕簽署；

(三)因立法會拒絕通過財政預算案或其他重要法案而解散立法會，重選的立法會繼續拒絕通過所爭議的原案。

《中華人民共和國香港特別行政區基本法》，第五十條

行政主導、「三權分立」與「三權分工」

中國官員，自上世紀八十年代以來，不只一次提出，香港的政制是「行政主導」，不是「三權分立」。中國政府的說法，是重申當年中英談判時，中方提出「五十年不變」的政策，指出除了資本主義、自由市場經濟等之外，還有原來的政治制度不變。回歸前後，英方忽然明裡暗裡向年青香港人灌輸「三權分立」概念，實是為一九九七年以後立法部門向行政部門奪權的手法。

柳君上錯了課、讀壞了書，為免他繼續誤己誤人，不妨給他補一補課。

「三權分立」（Separation of Powers），是法國思想家孟德斯鳩（Charles de Secondat, Baron de Montesquieu, 1689-1755）最先提出，他活在法國大革命（French Revolution, 1789-1799）之前。「三權分立」的重點，在於一個政體應要分為「行政」（Executive）、「立法」（Legislative）和「司法」（Judicial）等三個權力部門，理論上互不統屬。三者之間互相「制衡」（Checks and Balances）。這個政治理想，是為了抗衡中古時代歐洲流行的「君權神授」（Divine right of kings），對此後的法國大革命、美國憲法有重大影響。但是對英國的政制影響甚微。

英國長時期行「三權分工」（Separation of Functions），教科上常用的名詞術語是「國會主權」（Parliamentary Sovereignty），或「國會至上」（Supremacy of Parliament），其重點是最高的行政權、立法權和司法權都在「國會」！

英國沒有成文憲法，只靠不成文的「慣例」（Conventions）規範「三權分工」，而每次經歷重大政治改革之後，就有部分「慣例」需要更新修正。

英國的「行政權」掌握在「首相」（Prime Minister）的手中，「內閣」（Cabinet）各主要官員（各部部長，中文譯名一般稱為某某「大臣」）都由首相挑選。香港借

用英國的政制，香港總督和行政局的關係和運作模式，就是借鑑首相和內閣。

英國的「立法權」主要掌握在「下議院」（House of Commons），首相和內閣閣員都同時是下議院議員。

首相按「慣例」由下議院多數黨的領袖出任，首相同時控制整個黨團。遇上不特別重要的法案，下議院議員可以不跟黨的政策投票。至於重大事情，則要服從黨的領導（主要是首相連同內閣決定）。執政黨設有「黨鞭」（Whip）之職，負責監控黨員的投票意向。換句話說，在關鍵時刻，英國下議院議員忠於政黨高層，多過忠於選民！香港的民主黨過去也曾經有「黨鞭」，足見他們不是不了解英國政制，只是不願意向年青一代講個清楚明白而已！

因此，英國的「行政權」和「立法權」都在下議院，是為「行政」、「立法」兩權沒有「分立」，只有「分工」！

「司法權」呢？

英國在二零零九年才成立「最高法院」（Supreme Court of the United Kingdom）。在此之前，英國最高的上訴法院設在英國上議院（House of Lords）。換言之，三權都在國會！

我們老香港都知道，在港英時代，香港的訴訟最終可

以上訴至「樞密院」，即是一般人掛在口中的「打（官司）到樞密院」。這個最高司法權，由樞密院司法委員會（Judicial Committee of the Privy Council）行使（參見前引香港年報有提及），成員稱為「常任上訴法官」（Lord of Appeal in Ordinary），頭領是「首席常任上訴法官」（Senior Lord of Appeal in Ordinary）。

二零零九年改制，可說是回應「三權分立」的要求。「樞密院司法委員會」變成為「最高法院」，「常任上訴法官」成為「最高法院法官」，「首席」成為「院長」。

小結：

英國在二零零九年以前，只有「三權分工」，沒有「三權分立」。「司法權」從國會分割出來之後，「行政權」和「立法權」仍然是「連體嬰」。香港的政制由開埠到回歸，從來都是抄英國，那能有「三權分立」呢？

柳君「香港行三權分立」之說，是為「失實陳述」（misrepresentation）。

香港的「八十後」、「九十後」如柳君那樣，還有多少事情受人誤導、被人教錯？

還多著呢！

且看下回分解！

第六章 「老先生」答「小筆子」

Chapter 6 "Old Man" Answers "Little Pen"

Chapter Summary

This chapter presents seven short postings in the author's blog (http://blog.ylib.com/samkspoon/Archives/Classification/0015) in 2012, discussing with a young man on the follow topics:

(1) Identity as a Chinese under different context
(2) Election Systems for Head of Government
(3) Universal Value and Founding Principles of USA
(4) Democracy
(5) Freedom
(6) Human Rights
(7) Rule of Law

Viewpoints of the author of this book are quite different from what has been teaching in classroom/lecture theatre of mainstream education institutions here in Hong Kong.

前言：

　　「黃巾之亂」（黃巾賊說是「佔領行動」、「雨傘革命」）的根源，在於香港特別行政區行政長官應該怎樣產生。

　　「黃巾賊首」常用的說法，是行政長官不是「一人一票直選產生」，是「小圈子選舉」，因而沒有「認受性」

（Legitimacy）。梁振英在二零一二年當選行政長官之後，一直面對無止境的攻擊，根本無視新一屆特區政府有任何作為（見《第四章》）。「黃巾賊首」既認定香港現行政制「不公義」，他們就有權用非法手段爭取他們的訴求，包括「非法佔中」。

回顧「黃巾之亂」，如柳俊江先生這個年齡層（八十後，九十後）的大學畢業生，究竟從學校和傳媒接收過多少「失實陳述」呢？

「無篩選」、「公民提名」、合乎「國際標準」的「真普選」等等漂亮的口號又是怎麼樣的一回事？

未回答之前，筆者認為有需要「另起爐灶」先講自己的一套。

二零一二年初，筆者在臺灣遠流公司的「部落」與一位部落作者交流，對方稱呼筆者「潘老先生」。後來說誤會筆者年紀很大，所以才會這樣稱呼，感到歉意。筆者回應說自己確是個「老先生」，而洽巧這位作者的筆名有個「筆」字，於是寫了〈老先生語小筆子〉（http://blog.ylib.com/samkspoon/Archives/Classification/0015）系列。因為我們對基本政治概念的意見不一樣。

淺見以為香港「八十後」、「九十後」接收「錯誤資訊」已久（或可以說「受騙已久」），不妨花點時間，兼聽一二。

「老先生」答「小筆子」：
（一）中國人的身份

（引文開始）

小筆子：

　　我「老人家」升「le」為「老先生」，當然要帶點老氣橫秋才像樣。你對自己的「身份」感到困惑，這在一部份香港年輕人很普遍，值得一談。

　　近年越來越多香港人聲稱「今生不做中國人」，甚或「來生不做中國人」。背後的原因是偏重「政治人」、「國籍人」，此「中國人」完全等同「中華人民共和國公民」。所謂「王業不偏安」，自從「先總統蔣公」、「故蔣總統經國先生」先後辭世，「中華民國在臺灣」在國際政治舞臺的空間日窄，「中國人」逐漸變成了「中華人民共和國公民」。

　　「中國人」三字，也可以是「種族人」、「文化人」。有「香港人」以「香港的中國人」自居，本意是在政治上、文化上跟「大陸的中國人」劃清界線的意味。「香港的中國人」跟「臺灣的中國人」在文化上比較親近，因為兩地「書同文」。

　　「臺灣人」的既念，我老先生的看法可以分為兩個層次。一是不帶臺獨意味，那就跟上海人、山東人、廣東人

對應，只反映籍貫；此「臺灣人」與「大陸人」對比，稍偏重地域差異。一是帶臺獨意味，那就包括「去中國化」，「臺灣人」等於「臺灣國公民」，與「中國人」對比，偏重政治差異，又或者渴望加入日本，成為日本一個縣。

說實話會開罪很多人，大陸的簡化字是為文化水平低的人設計。所以在大陸許多文化水平高的人都明裡暗裡學習和使用正體字，例如「太祖高皇帝諱潤之伯伯」就不管甚麼「簡化字」。你在大陸的學校了解的「中國」，只是一九四九年以後的「新中國」。他們說「舊中國」一無是處，「新中國」凡事都好。明白了這些顯淺的道理，就不必為「中國人的身份」而感到悲哀，除非你心中只有「新中國」。

老先生

（引文結束）

簡註：

（一）升「le」

這是電子遊戲術語，指「升級」，即玩家在遊戲中完成一定任務之後，某些「能力」會「升級」，包括戰鬥力、防禦力之類。「le」是「level」的簡稱。香港人的廣

府話口語經常有中英夾雜的情況。「小筆子」敬稱筆者為
「潘老先生」，算是「升級」，故作此戲言，以增趣味。

（二）先總統蔣公、故蔣總統經國先生

　　臺灣社會，在國民黨主政時代曾經長期尊稱蔣中正
（介石）為「先總統蔣公」，蔣經國逝世後，亦一度被尊
稱為「故蔣總統經國先生」。據聞「小筆子」是「臺灣姑
爺」，故借用這兩個稱呼，以增趣味。

（三）太祖高皇帝諱潤之伯伯

　　「太祖高皇帝」，借喻「開國之君」，近年中國內地
有不少網民以此作為對毛澤東的暱稱。毛澤東，字潤之，
香港人間有暱稱為「毛伯伯」。如此稱呼，亦為增添聲趣
味。

後記：

　　上文為「部落」貼文，長話短說。中文的「國家」
一詞，起碼可以對應英語的「state」，「country」和
「nation」三個概念。當今許多中國人對這三個概念理解
比較模糊。筆者曾著長文解釋，見本書〈附錄一〉。

「老先生」答「小筆子」：
（二）選舉制度

（引文開始）

小筆子：

九十年代初，「小查詩人」還沒有從《明報》退下來，在報上談過美國和英國的政府領袖也不是「一人一票直選」產生。這原本是很普通的常識，卻有大學生受了政客和教師的誤導，跑去示威，還上演焚燒《明報》的鬧劇。

美國總統用「間接選舉」，各州主要用「贏家全贏」（winner takes all）的辦法（記憶中只有一個州是例外），結果小布殊就是輸了「總票數」而贏了「選舉人票」，得以入主白宮。當年香港有「時事評論員」說小布殊的政府將是弱勢政府，一派胡言，卻不見此人向讀者道歉。

如果你在美國各州的街頭訪問當地人，問總統選舉的事，他們總以有份投票選總統而自豪，認為自己在「當家作主」。實情是美國是兩黨合力壟斷，選民其實只能在兩黨圈定的代表中選擇，說穿了也是「鳥籠民主」。你想當上美國總統，首先不是問選民，而是問共和黨或民主黨的「勢力人士」。共和黨是「美國黨」的右派，民主黨是

「美國黨」的左派。美國的「兩黨專政」實是「一黨」的
左右兩派共同專政，比中華人民共和國共產黨的「一黨專
政」，當然高明得很多。

英國的政府領袖按「不成文法」（convention）產
生，首相由下議院多數黨的黨魁擔任，下議院議席則是
分區一人一票產生，採用「簡單多數法」（first pass the
post），結果多次出現輸了總票數而議席大勝的結果。為
甚麼用這樣奇怪的辦法？用意是打擊第三大黨，即是保守
黨（「不列顛黨」右派）和工黨（「不列顛黨」左派）一
直聯手壓抑自由民主黨。這樣就可以確保有由一個下議院
多數派的黨執政，絕不會出現類似意大利的亂局，既定的
國策就可以長期延續，不受政黨輪替影響。英國的自由民
主黨長期獲得兩成以上總票數，但在下議院的議席少得不
成比例，最近一次大選才翻身變天。

臺灣的朋友可以投票選中華民國總統，心裡當然比沒
有投票權的大陸人、香港人踏實得多。但是王業不偏安，
中華民國在臺灣仍要面對海峽彼岸共產政權吞併的威脅。
因此在先總統蔣公仍在位的時候，已經靠攏「美帝紙老
虎」。今天中華民國在臺灣一方面要受美國的軍事保護，
一方面要從大陸貿易得到經濟滋養。不論藍綠那一黨上
場，島內島外環境的大格局也不會變。任何一個臺灣選民
都有權投票選中華民國總統，不過涉及美臺關係則永遠不

是普通人可以預聞。即如美國選民也不能過問小布殊、奧巴馬跟那一國開戰，或派那家的小孩到世界那一個角落去打仗、殺人或被殺。長遠而言臺灣吃不下大陸，大陸卻吃得下臺灣。我們唯有寄望大陸天天向好。除政治和經濟之外，還有文化，我「老先生」對於日後大陸廢除「簡化字」還是很樂觀，希望有生之年能見到。

今天中華民國總統選舉，也是用「first pass the post」，我「老先生」不知有那些國家也用這個點票法。若在法國，則用「多輪淘汰制」，直至最後兩強對決。假如中華民國用法國制，阿扁就不能上臺。「多輪淘汰制」有甚麼好處？可以防止少數激進派上臺。

下次跟你談談所謂「普世價值」。

老先生

（引文結束）

簡註：

（一）小查詩人

指香港著名報人查良鏞，這個稱呼是筆者首創。

（二）火燒明報

事發在一九八八年底，筆者當時記憶有誤，在此更正。雖然後來證實查良鏞的說法正確，那些「火燒《明報》」的大學

（專）生事後沒有為自己的魯莽行動道歉。

（三）贏家全贏

　　實情是有兩個州不用「贏家全盲」的辦法。即緬因州（Maine）和內布拉斯加州（Nebraska），前者四票，後者五票，影響輕微。

（四）不成文法

　　英國憲法中的「convention」應以為「慣例」較適合，在此更正。

（五）美帝紙老虎

　　這是中國官方過去長期用為對美國的貶稱。「美帝」指美國實行「帝國主義」（lmperialism）的擴張政策，「紙老虎」則譏諷美國虛有其表。

「老先生」答「小筆子」：
（三）美國的立國精神與「普世價值」

（引文開始）

小筆子：

　　近年香港傳媒流行講所謂「普世價值」，英文叫「universal values」，我老先生小時候不曾聽過。這是典型「美帝紙老虎」的「宣傳手法」，即是「propaganda」，不是一般「promotion」。

別的不說，且說最簡單一家人父母子女之間的相處，那有甚麼「普世價值」在？

美國人過去的「value」，是父母只養育子女到十八歲，此後「貴客自理」。結果子女日後也不反哺，任由父母在養老院中老死，公平交易。有些富人死後將遺產留給一條狗，遺產管理人就不斷安排這條狗傳宗接代，繼續管理！中國人傳統觀念不一樣，「養兒防老、積穀防饑」。子女到了五六十歲，在老爸老媽眼中還是小孩子，所以「二十四孝」裡面有「戲彩娛親」的故事。香港近年因為居住環境越來越狹窄，才有更多老人家給掃進養老院。大中華圈也是近幾十年才始學習這項「美國價值」，過去「不孝」兩字有千鈞之重。今天歐美等國卻開始改變過去的觀念，成年子女回家與父母同住的日多，那是經濟不景的結果。這樣也好，子女受父母照顧多了，日後才有反哺之心，如果大家都能這樣，現代社會的老人醫療開支可以大減，老人家的晚年也會快樂得多，大幅提高生活質素（quality of life）。

未談美國人的「普世價值」，應先談美國的立國精神。

小筆子可能聽過「不自由、毋寧死」（Liberty or Death）或「民有、民治、民享」（of the people by the people for the people），這在美國的學校都有教。但是「美利堅合眾國」（USA）其實用「羅馬帝國」的方法擴張，

以掠奪和奴役其他族裔起家、繼而興旺發達。當初來自英國的殖民者橫渡大西洋，在美洲新大陸圈地。他們殘酷屠殺美洲原居民，霸佔土地，開墾耕作。然後又在非洲擄劫「奴隸」，幫「奴隸主」做牛做馬。

誰是「people」？曰：來自歐洲的白種人。

二十世紀美國成為超級強國，用更優雅的語詞美化他們到世界各地掠奪資源和財富的行徑。到了二十一世紀，則用「變相白條」向中國人購買各種產品，中國人買美國國債，美國人用美元貶值來賴債。這手段已經試過用在日本人身上。

今天個別香港人盲從的「普世價值」，說穿了主要是「美國價值」而已。

然後，老先生再跟小筆子逐一談民主、自由、人權、法治。這些都是美國人（其附庸英國亦有參與）定義、然後強加全世界的「普世價值」。

老先生

（引文完束）

簡註：

（一）戲彩娛親

中國傳統文化中「二十四孝」故事之一。春秋時楚國人老萊

子，父母親高壽，自己年老之後，還在父母面前做出小孩玩耍的舉動，以逗得父母高興。戲彩，解作穿了五彩斑爛的衣服。

（二）不自由，毋寧死

「Give me liberty, or give me death!」最常用的中譯，原句較常以簡化版「Liberty or death」流行。美國獨立戰爭（American War of Independence, 1775-1783）期間重要的宣傳口號，由革命領導人之一亨利（Patrick Henry, 1736-1799）提出。

（三）民有、民治、民享

美國總統林肯於一八六三年發表的《蓋茨堡演說》（Gettysburg Address）中結尾名句。原文為：「... that government of the people, by the people, for the people, shall not perish from the earth.」中譯為：「這個民有、民治、民享的政府不會在地球上消亡。」

（四）變相白條

「白條」是中國內地常用詞，指有權勢的人，從正當商人處享用勞務或取得商品之後，沒有正常付款，以簽發沒有法律約束力的欠單代替。這類欠單稱為「白條」，發「白條」的人通常不會認賬，或最終只支付極少數欠款。美國政府的做法，則是大量發行國債，要求大債權國購買，然後用外交手段強逼債權國的貨幣升值（即是美元相對貶值）。因為美國債券以美元結算，先賣國債再令美元貶值，等於減少實際負債。故稱為「變相白條」。上世紀九十年代，美國就用這個辦法令日圓升

值，「變走」欠日本的借債。近年則不斷向中國施壓，要人民幣升值，「變走」欠債。

後記：

筆者在「部落」上有提及年輕時沒有聽過甚麼「普世價值」，惹了另一位相信較年輕的網友大肆教訓。這位年青朋友說，在互聯網的入門搜尋器可以輕易找到早在一九四八年，就有五十八個國家在聯合國的會議首次提出「普世價值」，當中指出不論宗教、文化、種族等背景，人本身應有人權云云。

這位年青朋友的責難，叫筆者感到「秀才遇著兵，有理說不清」！只能簡簡單單的回應說，他提的是聯合國《世界人權宣言》（The Universal Declaration of Human Rights），其英文版原文，連「value」都沒有見過，更遑論「universal value」。

筆者猜想，此君腦中牢不可破的偏見，源於他聽過老師、長輩或甚麼名人講「普世價值」，然後「有斷估、無痛苦」地，幻想「普世價值」這個概念早就在《世界人權宣言》出現！

這些小朋友還有些甚麼、有多少概念是如此這般的被人誤導？

筆者膽子小，越想越驚！

「老先生」答「小筆子」：
（四）「普世價值」之「民主」

（引文開始）

小筆子：

誰是「德先生」？曰：「Democracy。」

小筆子當知道「demo」是「人」，「cracy」是「管治」。那麼「democracy」豈不也是「人治」？

老先生曰：「Democracy實為『眾治』。」

「眾治」之可以實行，首要條件為「小國寡民」。今天西方政治學的教科書都再細分「直接民主」（direct democracy）和「間接民主」（indirect democracy）。一天到晚都「一人一票」的直接民主可以怎樣執行？曰：古希臘的小城邦可以，近代的實例還有《五月花號公約》（Mayflower Compact）等。

現代政治實體龐大，人多口雜，「一人一票」不能常用，於是有「間接民主」。數年一次「一人一票」大家圖個高興，然後議員就代你議政。「一人一票」就表示小筆子的一票，跟「維園阿伯」的一票「等價」。你小筆子肯，香港許多「民主鬥士」卻不肯。小筆子在香港選過多少遍議員？那些議員會不會向你小筆子「問責」？

中國傳統政治思想崇尚「賢治」，近代西方比較接近

的有「meritocracy」（精英政治）。不過二者有些差異，中國的「賢治」較為看重學問淵博而品德高尚的讀書人（古人文武兼資，文人知武事、軍人也讀書）；西方的「meritocracy」較為看重政界、商界的高級行政人員。中國舊日的「選舉」是「selection」，隋唐以來的科舉制度讓低下階層的讀書人可以經考試取得做官的資格，繼而加入管治團隊，是中國式的「賢治、眾治」。今天的世界上主流的「選舉」是「election」，在香港、臺灣、美國、英國都有「金權政治」的味道。

英國下議院的議員，絕大多數都是出身自牛津、劍橋，主修法律的人。香港的議會則是兩個行業的人多得不成比例，一曰律師、一曰社工。這兩類人因職業便利更容易在地區直選中勝出，實是「over represented」。

老先生

（引文結束）

簡註：

（一）德先生

五四時代，前賢將英文的「democracy」音譯為「德謨克拉西」，簡稱「德先生」。英文的「demokratia」源於希臘文，與「democracy」同源。「demo」在此解作「普通人」；

「kratos」則解作「管治」，合起來是「所有普通人共同管治」。筆者按其本意譯為「眾治」，以別於「民主」這個最通用的譯法。

（二）五月花號公約

五月花號帆船，於一六二零年在英國出發，載著百多位乘客，橫跨大西洋到北美洲追求新的生活，因為風暴未能到達原定目的地。於是他們變成不隸屬任何政體的「無主流民」，為平息日後在新大陸建造家園可能發生的種種紛爭，船上四十一名成年男子簽署了《五月花號公約》，同意在北美洲殖民地共同建構新的政府，並服從這個政府。這公約成為美國在未立國前的殖民時代第一份「自治公約」，公約的意義，在於確定人民可以憑自由意志決定群體的自治管理方法，不再受人民以上的任何強權所管治。同一個社會的所有公民自由結合，組織政府，製定法律，再管治新建的社會。原則上，每一位簽署人享有相同的權利和義務，很是「平等」。《五月花號公約》是美國憲法學的必選教材。不過公約的產生條件是「從無到有」，從零開始；已經長期運作的政體不可能發生類似事件，也不可能有這樣的「平等」。

討論：

上文提到，香港的議會裡面，由民選產生的議員以社工和律師行業偏多。原因是上世紀八十年代香港政府推行

「代議政制」時，制度有利於社工和律師。律師以免費提供法律意見為名，為市民服務，建立關係；社工則受惠於工作性質，平時已經有很多機會直接幫助市民，因利成便，可以乘機招攬選民。

「老先生」答「小筆子」：
（五）「普世價值」之「自由」

（引文開始）

小筆子：

中國人理解的「自由」大致是：「可以按個人的意願行事而不受外力約束」。隋文帝楊堅留下名句：「吾貴為天子，不得自由！」

今天中國人講「自由」，主要借用英語，於是有「兩種自由」。

「自由神像」的「自由」是「liberty」，跟liberation有關。專指人因受壓迫、受束縛，便思追求擺脫枷鎖，成功了就是得到「liberty」。這種「自由」，只給受壓迫的人爭取，不受壓迫的「自由人」無需再求這種「自由」。

「言論自由」的「自由」是「freedom」。英文詞尾「-dom」跟限制有關，例如「kingdom」是一個king的管治範圍，離此範圍則king也管不著。「Free」可以說是無

界限的自由，「freedom」則有「界限」，離此界限就不受
保障。

在美國，一般人可以出言侮辱耶穌、伊斯蘭教；但不
能責罵猶太人是「甚麼甚麼」；亦不可以宣揚「肛交危害
健康」的「保健常識」，否則必惹來「基解霸權」圍攻。

「表達自由」（freedom of expression）涵蓋「言論自
由」、「出版自由」、「學術自由」，會不會被濫用？

曰：「會！」美國的小電影行業就是靠這個「普世價
值」生存。

最後，老先生要發表「愚見」。「言論自由」、「出
版自由」、「學術自由」等等所謂「普世價值」有一個最
重要的「界限」（-dom），就是「不可以說謊」。

老先生

（引文結束）

補充：

（一）四大自由

美國總統小羅斯福（Franklin Delano Roosevelt, 1882-
1945）於一九四一年提出，即「言論自由」（Freedom of
Speech）、「信仰自由」（Freedom of Worship）、「免
於貧困的自由」（Freedom from Want）及「免於恐懼的自

由」（Freedom from Fear）。

當中「言論自由」也可以修正為「表達自由」（Freedom of expression）。比如說，商人拍攝小電影圖利，說成是「言論自由」有點怪，說成是「表達自由」才合理些。

（二）「liberty」與「liberation」同源異譯

「liberty」這種自由，專指當事人向來受到強權壓迫和剝削，然後去除強權的束縛。英文同源詞「liberation」指讓人去除這些束縛，中文一般譯作「解放」。例如「中國人民解放軍」的英譯就是「People's Liberation Army」。

「老先生」答「小筆子」：
（六）「普世價值」之「人權」

（引文開始）

小筆子：

「人權天賦」的說法，是歐洲人抗衡早期「君權神授」的政治理論。

中世紀歐洲君主最侵害人權的事，無非是掠奪人民財富，不經審訊殺人之類。中國古代不講人權，《易傳》說：「天地之大德曰生。」大概近似今天講的「生存權」。人死了就活不轉，枉法殺人是最嚴重的侵犯人權。

但是古代世界各文明都有死刑，有寬有緊。

「社會主義祖國」和「美帝紙老虎」都是好話說盡、壞事做盡，非法剝奪無罪良民生存權的事甚多。「自由祖國」也有，不知我老先生聽的對不對，聽說成功嶺就經常有不正常的非自然死亡。

除了生存權之外，最重要的其實是居留權，亡命偷渡都是還了這個。

我們真正天賦的人權有那些？

我老先生出生時，從父母處繼承「英屬殖民地香港永久居民」的身份和權利。你小筆子出生時，得到「中華人民共和國公民」的所有政治權利。你小筆子移居「英佔香港」時，轉了「香港永久居民」的人權。九七之後，轉回「中華人民共和國香港特區行政區居民」的人權。如果小筆子還有別的護照，就有那個護照的人權。

今時今日的「人權」，大致是這些。

不過也有例外，美國雖然對其他國家沒有司法管轄權，但是可以隨意派兵拘捕別國的人民，拉到美國審訊。所有美國有能力剝奪世界上許多國家個別公民的所有人權。

此外，最多侵犯別國公民人權的事，就是戰爭罪行。戰時參戰國政府很難執法，一個大兵可以操生殺之權。美國戰士可殺，平民、婦孺也可以殺。

美國喜歡支持其他主權國家的反政府組織，這樣的國策可以理解，不一定對。跑去別的國家打殺，是霸權主義。如果真心維護國際秩序而沒有私心尚可，但是打阿富汗、打伊拉克，都有私心。扶植親美的賣國政權，名為建立民主政體，實是侵略。

老先生

（引文結束）

簡註：

（一）人權天賦

指「Natural Rights」，今天較多譯為「自然權利」，與「法律權利」（Legal Rights）對應。歐洲「啟蒙時代」（Age of Enlightenment，約在西元十七至十八世紀的文化運動）許多學者都有發揮，內容主要指自然界生命都有其權利，人自出生已有的「自然權利」不應受法律、信仰、習俗、文化和政府的影響而改變。筆者認為，單從這個定義就可以確認「自然權利」無非是一種理想，參照古今中外的歷史現實，極難實現。

（二）君權神授

「君權神授」（Divine Right of Kings），類似的概念自古已有。現時一般指中世紀歐洲的情況。當時羅馬天主教會的教皇（Pope，今天多譯寫教宗），經常與歐洲君主合作，讓其臣

民信服君主的權力來自上帝。

（三）社會主義祖國、自由祖國

　　「社會主義祖國」指中華人民共和國；「自由祖國」指「中華民國在臺灣」。在上世紀七十年代以前，香港仍是國民黨和共產黨政治宣傳的角力場。香港人間有用這些稱呼，自從中國在七十年代末實行「改革開放政策」，臺灣當局逐漸縮減在香港活動的經費，國共之爭逐漸褪色。這兩個暱稱今天年青一代已不知曉。

「老先生」答「小筆子」：
（七）「普世價值」之「法治」（完）

（引文開始）

小筆子：

　　今天講的「法治」是英語「rule of law」，大概指法律凌駕一切，包括立法者和執法者。

　　中國古人講的「法治」帶貶義，主要講九流十家中法家的一套，傾向於刻薄，不理會甚麼「人權」。法家的「法治」與儒家的「禮治」相對。良性的「禮治」是特別尊重宗族家庭觀念，強調社會和諧穩定，不要劇變。惡性的「禮治」，就是魯迅講的「禮教吃人」。孔二哥年代的禮治較有人情味，明清後才多壓迫婦女。

　　小筆子應了解一下英式司法制度的精神。早期是為防止一國之君無理侵犯貴族大地主的權益，後來多了各行各業的工會保護行業的利益。

　　到了國家的層面，「法治」總是首先維護本國利益。本國利益維護了，才談得上維護國民權益。

　　香港的法治是個畸胎，很有中國古代「衙門八字開，有理無錢莫進來」的風味。以前聽過一件真人真事，可以跟小筆子講講。話說有著名建築師跟大地產商（上市公司）有業務糾紛，建築師不承認有疏忽，不肯認錯賠償。地產商錢多，不斷上訴，用盡了每一個環節的法律程序。建築師一直勝訴，但是訴訟費用昂貴，為討回公道，只好賣掉自己的建築師樓。官司贏了，公司賣了，人中風了。

　　這些香港式法治一個血淋淋的實例。

老先生

（引文結束）

討論：

　　「黃巾之亂」期間，「黃巾賊」霸佔道路，干預市民正常生活，長達兩個多月。期間，不停有市民忍無可忍，到「佔領區」找「學生」理論。若是成年男人，恐有被「黃巾賊」冤枉打人或非禮婦女的風險，令許多守法良民

為之裹足。

　　然後，逐漸有婦女和長者去找「非法佔領」的「學生黃巾賊」講道理，「黃巾賊」再猖狂，也不致於動手打女人（或阿婆）。於是「學生黃巾賊」發明新的下賤招術，竟然以唱生日歌應對，意圖用高聲浪掩蓋市民的聲音。

　　筆者在本章所講，或許跟香港許多「八十後」、「九十後」在學校所學有頗大差異，甚或衝突。然而，即使「學生黃巾賊」不肯聽，至少可以給「學生黃巾賊」的父母作參考用。

　　筆者先在此講明不一樣的學理，以便下文繼續深一步辨析。

　　「佔中（鐘）」的「教師黃巾賊」怎樣扭曲「民主、自由、人權、法治」，下文還要再探討。

第七章　選舉制度：英美德法日等

Chapter 7　Election Systems: UK, US, Germany, France, Japan etc

Chapter Summary

Yellow Ribbon Bandit Chieftons had laid down some basic pre-requisites for 2017 election of Chief Executive of HKSAR, for Beijing Authority to follow. These features may be summarized as : "A True Universal Suffrage that meets International Standard including an unscreened Civil Nomination." If we examine existing election methods of Head of Government of some of the better known developed countries amongst Hong Kong people, we could comfortably conclude that none of them matches so-called International Standard as postulated by Political Crooks of Anti-Citizen Cult here in Hong Kong. They all failed the test!

Head of Government	UK Prime Minister	US President	German Chancellor	French President	Japanese Prime Minister
1 person 1 vote Direct Election	✗	✗	✗	✓	✗
Indirect Election	✓	✓	✓	✗	✓
Determined by Parliamentary Election	✓	✗	✓	✗	✓
Nomination	NA	Party/ Partly Civil	NA	Small Circle	NA

黃巾賊：「我要真普選！」

　　「反民邪教」發動「黃巾之亂」的兩個多月間，摧殘

民主、剝削自由、踐踏人權、破壞法治，動亂的根源是借助香港特別行政區行政長官的產生辦法來大做文章。

自從一九八四年中英簽署聯合聲明，香港進入回歸中國前的十三年過渡期，再加回歸後三屆多每屆五年的行政長官任期，到了二零一四年剛好三十年。

筆者長居香港，見證多年來「反民邪教」滿足於長作「反對派」，從來沒有提出任何具體帶領香港前進發展，或僅僅維持原局的藍圖。只會搞亂，並沒有任何誠意真正出任行政長官，管治香港。「泛民」舊的「龍頭」民主黨，曾經製定「發言人制度」，在每個管治領域都設一個發言人，如「經濟事務發言人」、「衛生事務發言人」之類（實際叫法記不全，只記得曾有其事），儼然有「影子內閣」（Shadow Cabinet）的架勢。或許他們真的是裝腔作勢欺騙市民，這一大票發言人效金人「三緘其口」，整個安排很快死無全屍！

附帶一提，「影子內閣」由英國保守黨（Conservative Party）首創，以方便作為在野黨（即國會佔少數未能執政的主要反對黨）議政，後來成為許多採用英式制度的國家沿用。如果下次大選勝出，「影子內閣」可能會即時轉為實際「內閣」，當然新首相可以隨時更換閣員。

由此可見，香港許多政客其實熟知英式制度，只不過

為了「愚民」，從來沒有興趣讓廣大市民加深了解。

在二零一四年底，「黃巾之亂」未爆發之前，「反民邪教」先後提出過一大堆「名詞」，包括：「公民提名」（Civil Nomination），合乎「國際標準」（International Standard）而「無篩選」（without screening）的「真普選」（True Universal Suffrage）。

筆者本人上大學的時候，也沒有精神時間去了解世界各國選舉制度。八十年代末，香港有些大學生，因為查良鏞說了「英國首相、美國總統不是一人一票直選」，便跑去示威燒《明報》，諒也不會熟知各國選舉制度。事後查良鏞撰文再深入解釋，讀者都無法反駁，卻不見示威學生為自己罵錯了人而道歉。

「黃巾之亂」前後，「大學生黃巾賊」、「中學生黃巾賊」都變成了「政治學權威」！這些「學生領袖」又懂得甚麼？

此下一一討論，務求能幫助「八十後」、「九十後」和「千禧後」的年青朋友裝備自己，以免被「反民邪教黃巾賊」用不盡不實的零碎資料「洗腦」（Brainwash）。

「Suffrage」這個字，意義就僅僅是「投票權」。「普選」可以是「普遍選舉」、「普及選舉」的簡稱，只要成年公民有選舉權，就是「真普選」。今天西方民主大國，政制各自有其演化過程，其實沒有甚麼「國際標準」可言。

歐美「標準」不一樣

今天香港在「一國兩制」的政治體制之下，是中華人民共和國轄下一個「特別行政區」（Special Administrative Region），充其量是一個「特權」較多的「地方政府」。地方政府行政首長的選舉辦法，原本不適宜跟任何一個「主權國家」（Sovereign State）選舉「行政首長」（Head of Government）的制度相比。

筆者為了叫「黃巾賊首」在學理上不得不服輸，姑且拿今天一些「民主大國」來對比一下。這樣有似下象棋「讓單車」一般的，盡量遷就被「黃巾賊首」洗了腦的「學生黃巾賊」。

此下隨便挑幾個國家的現況，列為一表：

表一：二零一五年部分國家行政首長選舉辦法比較

國家	英國	美國	德國	法國	日本
政府首長	首相	總統	總理	總統	首相#
一人一票普選政府首長	✘	✘	✘	✔[1]	✘
間接選舉	✔[2]	✔[3]	✔[2]	✘	✔[2]
議會選舉決定	✔[2]	✘	✔[2]	✘	✔[2]
任期	五年以下	四年	四年以下	五年	四年以下
候選人提名	不存在	黨內/獨立	不存在	「小圈子」	不存在

註解：

「日本首相」是俗稱，官方正式日文漢字名稱是「內閣總理大臣」。

[1] 選民直接投票給總統候選人而且每一張選票份量相等（即所謂「等價」equivalent）。

[2] 首相或總理由議會多數黨的領袖出任。如果議會沒有多數黨，就由執政聯盟的領袖出任首相或總理，聯盟領袖必然是各屬黨中議席最多的一黨。

[3] 雖然選民投票給總統候選人，但是每州的選票總數不是直接疊加，卻去轉化為「選舉人票」，由「選舉人」代表選民選出新總統。

英、德、日，行政立法「混選」

英國是老牌「民主大國」。

讀者諸君大可以跑去請教任何一位「黃巾賊首」以下問題：

（一）英國首相選舉是否符合「國際標準」？

（二）英國首相選舉辦法算不算「一人一票」的「真普選」？

（三）英國首相選舉有沒有「公民提名」？

（四）英國首相選舉的候選人有沒有經過「篩選」？

英國、德國、日本是同一個系統，可以戲稱為「英國製標準」吧！

各位「黃巾賊」，很對不起，你們從一開始就「擺烏龍」！

英國選民無權「一人一票普選」英國首相！

德國選民無權「一人一票普選」德國總理！

日本選民無權「一人一票普選」日本首相！

再者，英國首相、德國總理、日本首相選舉都沒有「公民提名」。候選人由主要政黨先行「篩選」，離不開幾個大黨的黨魁。一般選民，甚至那些大黨的低級黨員都無權過問！

按照香港各路「黃巾賊首」的盲詞囈語，三國的行政首長選舉，都是不符「黃巾賊標準」的「假普選」！

只合符「Made in Britain」的「British Standard」，也就是「英國製標準」！

筆者在本書《第五章》為柳君補「三權分立」的課，指出孟德斯鳩提出的「三權分立」學說影響了日後的法國大革命和美國憲法，並沒有影響英國的政制。

此下，再討論美國和法國的總統選舉法，美國是間接選舉，法國才是「一人一票直選」！

美國人這樣選總統

美國自第二次世界大戰之後，成為世界第一強國。美國總統選舉對全世界每一個角落的人都或多或少有影響，因此香港傳媒總是大篇幅報導。

簡而言之，美國總統選舉有幾個特點。

首先，長久以來民主黨（Democratic Party）、共和黨（Republican Party）形成兩黨的「寡頭壟斷」，只有兩黨的代表才有機會入主白宮。提名權由兩黨的管理層牢牢抓緊，黨代表大會的投票很受黨中「重量級人物」影響。

其次，雖然每一位合格選民都有投票權，但是每張選票不是「等價」（equivalent），每一個州粗略按照人口換算「選舉人票」（Electoral Votes）。除了少數例外，每個州都採用「勝者全得」（Winner Takes All）原則。比如加利福尼亞州因人口最多而得五十五張選舉人票，任何一黨的候選人在加州一人一票的選舉中得到過半數，按例全部五十五票都由他獲得。換言之，投給「失敗者」的票全部等同作廢，現時美國總統選舉共有五百多張「選舉人票」。

二零零零年大選，就出現了共和黨的小布殊（George W Bush）輸了「一人一票真普選」給民主黨的戈爾（Al Gore）而仍然可以入主白宮的罕見情況！這次選舉中，

戈爾在加州得到百分之五十四的選票，便贏得全部選舉人票。投票給小布殊的加州選民跟沒有參加投票差不多！

表二：二零零零年美國總統選舉結果撮要

候選人	小布殊 George W Bush	戈爾 Al Gore	所有其他候選人
所屬政黨	共和黨 Republican Party	民主黨 Democratic Party	其他不同黨派
總得票	50,456,002	50,999,897	3,949,201
得票百分比	47.87%	48.38%	3.75%
選舉人票	271	266	0
選舉人票百分比	50.37%	49.44%	0%

註：

（一）總有效投票數為105,405,100。

（二）這屆總統選舉，共538張選舉人票，得270票以上即可當選。其中有一票棄權。

美國總統選舉除了兩大黨提名之外，有沒有今天「黃巾賊首」堅持的「公民提名」呢？

筆者認為只算有「變相而有限度的公民提名」。

　　首先，那些影響力微乎其微的「泡沫黨」（借用自「泡沫經濟，Bubble Economy」）要派人參選總統，面對障礙多多。美國每個州都有不同的要求。最重要的是「參選列名權」（Ballot Access），也就是候選人和競選拍擋的名字要能夠印在選票上！

　　現在仍以二零零零年大選為例，總得票第三的綠黨（Green Party）總統候選人納德（Ralph Nader），只獲得四十三個州和首都華盛頓哥倫比亞特區（Washington, District of Columbia）的「參選列名權」。換言之，有七個州的選票沒有印上他的名字，這些州份的選民甚至有可能不知道綠黨派了候選人參選總統！

　　比「參選列名權」低一級參選資格是「海選權」（Write-in Status），選票上雖然沒有印上候選人的名字，但是選民仍然可以寫上他的名字，作為有效投票。

　　無論是「參選列名權」還是「海選」，候選人通常要滿足一些特定的參選要求。美國五十個州的選舉法例各有不同，最常見是提交「提名請願書」（Nominating Petition），即是有若干數量合資格的選民聯署提名。這個算是有點似「公民提名」。綠黨在這次選舉只能滿足四十三個州對「參選列名權」的要求。

　　綠黨候選人納德終得票二百八十多萬（總投票的百分之二點七）。

　　附帶一提，每屆美國總統大選其實都有一些絕無勝望的人「陪跑」，最極端的可能只在一個州有「參選列名權」。這類「美國總統競選候選人」，無非在過一過「齊天大聖到此一遊」的「癮」！

　　結論是：

　　（一）美國總統選舉辦法不是「一人一票」的「真普選」。

　　（二）美國總統選舉並沒有實際意義的「公民提名」。

　　（三）美國總統選舉中，有機會獲選的候選人都經過民主共和兩黨「篩選」。

　　按照香港各路「黃巾賊首」的盲詞囈語，三國的行政首長選舉，都是不符「黃巾賊標準」的「假普選」！

　　只合符「Made in America」的「American Standard」，也就是「美國製標準」！

法國總統選兩輪

英、美、德、日都沒有用「一人一票直選」行政首長，按照「黃巾賊首」的「理論」，都不是「真普選」。

法國總統是貨真價實的「一人一票直接選舉」，該算是「黃巾賊首」所講合乎「國際標準」的「真普選」吧？

倒也未必。

何解？

因為沒有「公民提名」！

即是「有篩選」！

法國總統競選的提名門檻從數字上看不特別高，只需要五百人提名即可參選。可是只有四萬多個提名人，他們全是公職人員，約三萬多人為現任市長。相當法國人口約六千六百萬來說，總統提名權只掌握在少數人手中。

因為門檻低，參選人便多，隨時多達十數人。結果當然是得票最高的候選人經常只得低到兩三成的選票！這樣又何來「認受性」？

法國人的辦法是用兩輪投票制，第一輪投票之後，由得票最高的兩位進入第二輪決勝。

怪事來了！

造就了希拉克（Jacques Chirac）成為得票率高逾八成的法國總統！

先看數據：

表三：二零零二年法國總統選舉結果撮要

候選人	希拉克 Jacques Chirac	勒龐 Jean-Marie Le Pen	若斯潘 Lionel Jospin
所屬政黨	保衛共和聯盟 Rally for the Republic	民族陣線 National Front	社會黨 Socialist Party
第一輪得票	5,665,855	4,804,713	4,610,113
得票百分比	19.88%	16.86%	16.18%
第二輪得票	25,537,956	5,525,032	
得票百分比	82.21%	17.79%	

這次選舉有多達十六個候選人！

試想，四萬多人有權提名，五百個提名就可以參選，十六人參選只需八千人提名就足夠。

選票給分薄了，得票最高的希拉克得票率不足兩成！

選前兩大熱門是「中間偏右」的希拉克和「左派」的若斯潘（Lionel Jospin），豈料「極右派」的勒龐（Jean-Marie Le Pen）險勝進級第二輪。

第一輪過後，若斯潘非常沉痛地呼籲支持者在第二輪投票給原先爭個你死我活的對希拉克。意味著，左派選民被迫轉去支持右派，避免「極右派」上場！

　　法國總統大選用一人一票直選，卻附加了兩輪投票制，以確保每一位總統都得到過半數選民的「授權」支持！

　　「左派」和「右派」的意義，下文會再介紹。

　　為增添讀者閱讀趣味，補充一下一九九五年的法國總統選舉，說明若斯潘是個非常運滯的候選人！他先勝後敗！

表四：一九九五年法國總統選舉結果撮要

候選人	希拉克 Jacques Chirac	若斯潘 Lionel Jospin	巴拉迪爾 Edouard Balladur
所屬政黨	保衛共和聯盟 Rally for the Republic	社會黨 Socialist Party	法國民主聯盟 Union of French Democracy
第一輪得票	6,348,375	7,097,786	5,658,798
得票百分比	20.84%	23.30%	18.58%
第二輪得票	15,763,027	14,180,644	
得票百分比	52.64%	47.36%	

法國兩輪防激進、臺灣一輪禍患生

法國總統選舉為甚麼要用兩輪投票？

有兩個目的。

第一是大幅提升新總統的「認受性」！

不管第一輪有幾多「古靈精怪」的人參選，分薄得票率。第二輪只剩兩人，贏家必得過半數選票。

第二是防止「激進派」，或是「違背立國精神」的人上臺！

請看臺灣二零零零年的總統選舉結果：

表五：二零零零年臺灣「中華民國總統」選舉結果撮要

候選人	陳水扁	宋楚瑜	連戰
所屬政黨	民主進步黨	無黨籍	國民黨
得票	4,977,737	4,664,932	2,925,513
得票百分比	39.3%	36.8%	23.1%

註：本表只列前三名，另兩組得票合起來不夠一個百分點，從略。

　　臺灣的總統大選，用「一人一票」的「簡單多數法」（first past the post），於是宋連「鷸蚌相爭」，阿扁「漁人得利」。按現在的說法，宋楚瑜和連戰都算「藍營」而陳水扁是「綠營」。宋楚瑜和連戰其實沒有重大分歧，如果用「法國式兩輪制」，「二零零零年的連戰」，就跟「二零零二年的若斯潘」做相同的事，忍痛請求自己的支持者「下一輪」（如果有的話）投票給宋楚瑜！二零零八年，連宋合作，以49.89%的得票率再敗給陳水扁的50.11%！

　　如果要做「事後孔明」，任誰都會批評宋楚瑜不識大體、連戰戀棧權位之類。到了二零零八年選舉，連宋「痛改前非」，遇上陳水扁當了四年總統，有許多「上下其手」的機會，成功連任。於是臺灣民眾，因為一個不建全的「一人一票」選舉制度，嘗盡了八年「阿扁之亂」的苦果。

　　為甚麼法國須要有這個「守尾門」的保險機制，而臺灣的政界中人從來沒有想到呢？

　　今天法國的官方國家格言（National motto）是「自由、平等、博愛」（Liberty, Equality, Fraternity），上文提及的極右派「民族陣線」，提倡反移民、貿易保護主義等等，顯然跟法國的立國精神相違背。

　　於是乎，當「民族陣線」的勒龐在二零零二年總統大選「爆冷」晉級之後，左派的若斯潘只能無可奈可地轉為支持右派政敵希拉克！

那麼，民進黨和陳水扁又怎樣跟「中華民國在臺灣」的「立國精神」違背呢？

不管「中華民國在臺灣」在國際政治舞臺上的處境有多艱難，始終以「中國」為國號，認同廣義的中國文化。民主進步黨則主張「臺灣獨立」，不承認「廣義的中國」。

換言之，民主進步黨雖然派人參加「中華民國」總統選舉，但是黨的最終目標卻是成立一個獨立於中華民族、「廣義中國」以外的「臺灣國」，再說得直接一點，就是要以某種方式滅了「中華民國」，在現有「中華民國在臺灣」主權、土地、人民的基礎上，成立新的政體，改朝換代。

讓一個以消滅「中華民國」為終極目標的政黨，參選「中華民國」總統，世事之荒唐，莫此為甚！

近年「魔鬼在細節中」（The devil is in the detail）這個英文諺語成為香港常用「潮語」。香港行政長官的選舉，能夠不篩選嗎？

左派右派

現時，西方政治學術語中的「左派」、「右派」，可以追溯到法國大革命時代的三級議會（Estate General）。支持皇室，代表貴族利益、教會利益的議員坐右方；支持共和，代表反對建制利益的議員坐左方。

然後，「左派」和「右派」的意義不斷演化和補充。

今天，「良性的左派」代表進步力量，傾向支持自由、平等等原則，對社會現狀多不滿。「左派」較多主張社會積極改革，以建立新秩序，消除各種舊制度下的不公平現象，如要求財富和基本權利更平等地分配。

「良性的右派」代表穩建力量，傾向珍視舊有傳統和秩序，較擁護現行社會制度。「右派」主張社會只宜穩步發展，務求減少劇變，並認為社會無可避免有階級分層（Class Stratification）。

最極端的左派，常會鼓吹徹底推翻現行建制，甚至以武力奪取政權，改變國體。惡性的左派，可以是社會下層以平等為名，侵奪上層的權利。如改朝換代之後，新政權對舊社會原有富貴階層抄家殺頭，充公財產等等。

最極端的右派，則會反對任何社會階層流動，甚至以武力壓制任何改革訴求。惡性的右派，可以是社會上層以穩定為名，打擊下層的權利。如「種族隔離」（Racial Segregation）、甚至「種族清洗」（Ethnic Cleansing），或實行某種形式的「賤民政策」，如歷史上不絕如縷的「排華」慘劇。

讀者諸君對左派右派有了基本概念，此下可以談談英國和美國發展成兩黨制背後的精神。

英美兩黨制守尾門

　　近代英國和美國長期由兩大黨競爭執政權，有所謂「政黨輪替」（Party Alteration）。

　　為甚麼英國和美國的「政黨輪替」對國家和人民較有利，臺灣的「政黨輪替」則出現八年「阿扁之亂」呢？

　　分別在於英美的兩黨，無非是「中間偏左」和「中間偏右」的差異。臺灣的「藍營」和「綠營」則有不可調和的矛盾。「藍營」努力維持「中華民國」的「門面」；「綠營」則打算建立「臺灣國」，有置「中華民國」於死地之心！

　　英國的保守黨算右派、工黨算左派；美國的民主黨算左派、共和黨算右派。

　　美國總統不管屬民主黨抑或共和黨，基本國策都不變，例如無條件、死硬支持以色列國就不會改變。英國首相則自第二次世界大戰之後，不論是保守黨還是工黨的人，都緊隨美國，做個小附庸。兩國行兩黨的好處，是政府永遠強大。

　　美國總統不可能走出民主、共和兩黨掌握中。且看一九九二年的大選結果：

表六:一九九二年美國總統選舉結果撮要

候選人	克林頓 Bill Clintion	老布殊 George H W Bush	佩羅 Ross Perot
所屬政黨	民主黨 Democratic Party	共和黨 Republican Party	無黨派 獨立候選人
總得票	44,909,806	39,104,550	19,743,821
得票百分比	43.01%	37.45%	18.91%
選舉人票	370	168	0
選舉人票百分比	50.37%	49.44%	0%

註:其他參選人得票數字從略。

　　富商佩羅參選,競選團隊的義工成功在每個州完成「提名請願書」(Nominating Petition)。他的支持率一度高過兩大黨的候選人,最終獲得收兩成選票,但未能在任何一個州勝出,「選舉人票」方面得個「鴨蛋」。一九九六年,佩羅第二次參選,同樣得不到一張「選舉人票」。

　　美國用「選舉人票」打壓第三勢力,英國則用「簡單多數制」。

　　且看二零一零年英國大選結果:

表七：二零一零年英國下議院選舉

政黨	保守黨 Conservative Party	工黨 Labour Party	自由民主黨 Liberal Democrats	其他黨派 及獨立候選人
黨魁	卡梅倫 David Cameron	白高敦 Gordon Brown	克萊格 Nick Clegg	不適用
總得票	10,703,654	8,606,517	6,836,248	3,541,185
得票百分比	36.1%	29.6%	23.0%	11.92%
下議院議席	306	258	57	29
議席百分比	47.1%	39.7%	8.8%	4.5%

　　英國沒有獨立的首相選舉，由下議院選舉決定誰人當
首相。這一屆國會的下議院共有670席，任何一個政黨得到
326席以上，首相之位就由這個黨獲得。早在下議院選舉之
前，每個大黨都早就有了「黨魁」（Leader），多數黨的
黨魁就自動成為新一任首相。

　　這次大選沒有一個政黨得到過半數議席，稱為「懸峙
國會」（Hung Parliament），那一個大黨可以組成有過半
數的「聯合政府」（Coalition Government），其黨魁亦可
以當首相。工黨只得258席，差得太遠。保守黨於是拉攏第
三大黨，多加57席就過半數了。保守黨為了報答盟友，給克
萊格做不常設的「副首相」（Deputy Prime Minister），而

新內閣也招攬一些自由民主黨的下議院議員。

因為制度所限，第三黨得票率和實際議席經常不成比例，這回得票超過兩成，議席只得不足一成。

附帶一提，「自由民主黨」，是由原先「自由黨」（Liberal Party）和「社會民主黨」（Social Democratic Party，由原工黨分裂出來）於一九八八年合併而成。一九八三年英國大選，兩黨結成聯盟參選，取得高達四分一的選票，全數650議席中，只的可憐兮兮的23席，僅3.5％！

不論「英國製標準」，還是「美國製標準」，都談不上「公平」，重點在「打壓第三黨」！

專門打壓第三黨（或第三勢力）的政制有甚麼好處？

就是確保政局穩定，以及長期保持強勢的政府（政府即「行政部門」）。

英國的「第三黨」這一回總算捱到有出頭的一天！

可選可不選！

香港的選舉制度，按照《基本法》規定是「行政部門」和「立法部門」分開來選。

《基本法》對行政長官選舉有沒有「守尾門」的條款？

有！

在〈第四十五〉條：

香港特別行政區行政長官在當地通過選舉或協商產生，由中央人民政府任命。行政長官的產生辦法根據香港特別行政區的實際情況和循序漸進的原則而規定，最終達至由一個有廣泛代表性的提名委員會按民主程序提名後普選產生的目標。

《中華人民共和國香港特別行政區基本法》，第四十五條

何謂「選舉或協商」？

這該是中學生都解得通的淺白語言。

可以「選舉」，也可以「協商」。

不一定「選舉」，也不一定「協商」。

「最終」則是「沒有特定時間表」。

如果談不攏，北京還有最後一招，就是取消「選舉」，改用「協商」。

「黃巾賊首」不乏法律界專業人士，難道這個也看不出嗎？

只是不願意跟「黃巾賊」講明而已！

「佔中」變了「佔鐘」，「學生黃巾賊」立了首功，此下要談「學運邪教」。

第八章 學運變成邪教

Chapter 8 When Student Movement Becomes A Cult

Chapter Summary

The so called "Student Movement" in Hong Kong has evolved into a Cult over the past three decades. Author of this book recalled what happened during the 1983/84 academic year in University of Hong Kong, to show that how some of the influential figures of the Yellow Ribbon Rebellion had misled young reporter and the public.

A number of HKU students had tried, some three decades ago, to defend two freedoms other than the famous Four Freedoms articulated by US President Franklin Roosevelt, namely, "Freedom from being forcibly represented", and "Freedom from being coerced to join political movements", in response to the autocratic and unauthorized exploitation of power of Ex-co of Student Union. Author of this book tells the other side of the story in the capacity of a previous "principal speaker of the opposition."

This story may help readers to clarify how unrepresentative the "student leaders" in Yellow Ribbon Rebellion are! Hong Kong Federation of Students have been stealing fame while the Scholarism is even practising gerontocracy!

「學運邪教」一舖清袋

「學生」，包括大學生和中學生，在兩個多月的「佔中（鐘）佔旺」事件裡面，可以說是「居功至偉」！

沒有「學生黃巾賊」打頭陣，非法「侵入」（trespass）政府建築物，「黃巾之亂」根本就不能成事。到了「黃巾之亂」後期，一方面要求梁振英下臺一事沒有著落，另一方面「佔鐘佔旺」的黑暗背景和醜惡人事不斷暴露人前，令到整個運動（或革命）日失民心，無以為繼，「黃巾軍」內各個山頭的磨擦也陸續浮現。

「成年黃巾賊」忽然來個「棚尾拉箱」（粵劇界術語，指老倌在戲棚的後面帶了自己的衣箱不辭而別，這樣不顧道義的行徑，每每令戲班難以繼續演下去），又批評「小孩黃巾賊」進退失據，實在「忘恩負義」！

這些所謂「學運領袖」、「學生代表」，主要來自兩個團體。

一是歷史悠久的「香港專上學生聯會」（Hong Kong Federation of Students），簡稱「學聯」。一是號稱由中學生組成的新生政治力量「學民思潮」（Scholarism）。兩個組織又合稱「雙學」。「雙學」在「黃巾之亂」初期頗博得部份市民同情，後來「雙學」的頭領言行漸次失控，真有點似《西遊記》中的「聖嬰大王」紅孩兒。紅孩兒不

受父母牛魔王和鐵扇公主管束，連孫悟空對他的「三昧真火」也束手無策，最後要勞動到觀世音菩薩出手降服。個別「學生黃巾賊」對其他「黃巾賊首」同路人完全不給情面，任你「年高德劭」，抑或「學富五車」，一例都要給「學生領袖」疾言厲色地教訓。但願終有一日，香港社會能夠出得一位法力道行有如觀世音菩薩的大德，慈航普渡，拯救這些「學生黃巾賊」，好教他們免於苦海沉淪！

「黃巾之亂」兩個多月以來，香港的「學運」以邪教形式運作。亂事過後，筆者估計他們的政治能量必將「一舖清袋」（賭博術語，指所有賭注都在這一舖押上了，結果輸得精光，口袋中再無一文，謂之清袋）。只剩下「傳媒黃巾賊」繼續肉麻露骨地謳歌而已，到了這些「學生領袖」於再無利用價值，就要淡出香港的政治舞臺。

「佔領」期間，「學生領袖」如行屍走肉、「人肉錄音機」，只是翻來覆去的背誦甚麼「真普選」、「國際標準」、「公民提名」等咒語，筆者在上一章呈獻的基本資料，應該可以幫助讀者（包括「學生黃巾賊」的家長）認清真相。

「學生黃巾賊」容易騙得市民同情，跟中國人傳統禮敬讀書人的風俗有關。國學大師錢穆先生，提出中國傳統社會可稱為「四民社會」，即士、農、工、商，而以士居首。香港人長時間看重所有「大學生」，對於在大學領一

份職的教職員亦常會敬稱為「學者」。不過,「黃巾之亂」過後,「大學生」和「學者」不會再如亂事以前那麼容易受普羅大眾敬重和姑息。

為甚麼要出動學生打頭陣?

原先說好的「佔領中環」若要成功,必須有大量成年人不怕惹官非,不怕坐牢。香港人以機變靈活見稱,嘴巴說支持「佔中」容易,簽名確認「佔中」也容易,可是要有家有業的成年人以身試法,親自上街示威,再「侵入」政府或私人物業就沒有那麼容易了。

大學生、中學生較多入世未深,行事或會思慮未周,香港普羅大眾第一印象是擔心「示威學生」惹官非,「前途盡毀」,這體現了孟子名句「老吾老以及人之老,幼吾幼以及人之幼」的精神。可是,「學生黃巾賊」卻不領情,對於自家的父母或其他成年人,只要政見不合,一式惡言相向。個別「學生黃巾賊」行止乖張,卑鄙、無恥、下流、賤格,不一而足。

還有一事更令市民憤慨,就是成年的「黃巾賊首」當中,許多人自己也有子女正在上大學或中學,卻用盡各種藉口,不讓自己的親生子女去「佔中」。《論語》有云:「己所不欲,勿施於人。」從這一件「小事」,我們可以看得出整個「雨傘革命」的不公義!

「學生會建制派」的「刪節本」

二十一世紀已過了十多年，香港「學生運動」發展到今天是怎麼樣一回事？

根據筆者的觀察，可以用八個字概括，即：

滥權專制

盜竊名器

在今次「黃巾之亂」的過程中，香港各家大學的學生會都有不同程度的參與，而以「學聯」總其成。筆者只對上世紀八十年代的情況略知一二，而且只限於香港大學，此下先從我們那個年代「學生會建制派」的所作所為談起。

筆者偶然翻閱舊報，驚覺錯過了資深傳媒人劉進圖先生在「黃巾之亂」發生前不久的一篇文章：

我還清楚記得，港大學生會為新生辦的迎新營在大學堂舉行，其中一個節目是就香港前途問題分組辯論，選項包括主權換治權，主權歸中國，但繼續由英國管治香港，有不少學生喜歡這個安排，「一國兩制、港人治港」是另一個選項，可行性受到許多質疑。

港大學生會寫信給英國首相戴卓爾夫人和中國總理趙

紫陽，表明支持香港回歸中國，實行港人民主治港，這個舉措受到校內反對回歸的同學猛烈質疑，當時法律學院有不少師兄師姐恐怕回歸意味英式法制終結，加入了質疑行列，我和好些同班同學卻覺得，不應該支持延續殖民統治。學生會最終召開全民大會，激烈的辯論從晚上開始，一直到清晨才表決，大多數出席同學認同學生會立場，開啟了一代人的民主治港回歸願景。

> 劉進圖〈劉進圖感言之三十‧一代人的覺醒〉，
>
> 明報，二零一四年九月十日

新聞報導最重視在事件的三項要素不能出錯，即人物、時間和地點等基本資料。單看劉君的描述，他說的故事內容當中幾個重點的時序是：

（一）港大學生會寫信給英國首相戴卓爾夫人和中國總理趙紫陽

（二）這個舉措受到校內反對回歸的同學猛烈質疑

（三）學生會最終召開全民大會

（四）大多數出席同學認同學生會立場，開啟了一代人的民主治港回歸願景

劉君學法律，那麼筆者在此就應用普通法（Common Law）入門的「無罪推定原則」（Presumption of innocence）助談。我們香港人平日看電影、看電視都

經常會聽到「疑點利益歸於被告」的對白。在「無罪推定原則」之下，控方的證據應達到「無合理疑點準則」（beyond reasonable doubt）才可以將被告定罪，如出現「疑點利益」（benefit of doubt），被告就很容易會被判處無罪。

「無罪推定原則」的拉丁文原文為「Ei incumbit probatio qui dicit, non qui negat」，譯成英文是「the burden of proof is on he who declares, not on he who denies」，中文大概是：「他的證明責任只限於他所聲稱，不在於他所否認。」

劉君的說法，完全攪亂了一九八三至一九八四學年香港大學發生種種爭議的時序。實情是學生會幹事會分別寫信給英國首相和中國總理，這並不一是「一個舉措」！

先是一九八三年寫信給戴卓爾夫人，一九八四年才寫信給趙紫陽總理！而「全民大會」也不是「最終」才召開，而是在兩番寫信之間！

因為筆者無法證明劉君故意說謊，也就不能說他這番話是「具欺詐成份的失實陳述」（fraudulent misrepresentation），只能確認那是「失實陳述」（misrepresentation）而已。

據筆者了解，劉君於一九八三至八四學年似乎並無在學生會領「一官半職」，所以他可能只算「親建制派」。

此下要再向讀者介紹兩位「學生會建制派」的陳述：

香港大學學生會一直被視為學界意見領袖，本報翻閱一度以為遺失的學生會評議會歷年紀錄，發現1984年學生會去信時任國務院總理趙紫陽，爭取回歸後普選特首，獲趙紫陽回信承諾「『民主治港』，是理所當然的」。多名曾任學生會幹事的社會名人坦言，趙函令學生會關心社會、追求民主，其中立法會教育界議員葉建源稱當年趙代表中央承諾港人可「民主治港」，一度令港人憧憬回歸，可惜承諾至今未兌現。

⋯⋯

曾為學生會外務秘書的佔中發起人之一戴耀廷形容，趙函孕育了港大學生會的民主信念，而任幹事期間是他民主啟蒙的一部分。

⋯⋯

事後學生會就香港前途問題「公投」，逾3000名學生投票通過支持學生會去信中國政府爭取香港民主化，內容提及香港必須從速民主化、回歸後香港「民主、法治、人權、自由」必須受保障。其後評議會成立9人小組負責草擬信件，並於1984年1月致函趙紫陽。

⋯⋯

事隔30年，當年有份撰寫致趙函件的1983年學生會外務副會長、現任立法會議員葉建源回首香港現狀，十分唏

噓。他慨嘆：「爭取香港民主是我這一代人的願望，但沒想過30年後人到中年，香港民主仍在十字路口徘徊，當年承諾仍未兌現、政改諮詢仍講循序漸進，實在拖得太久。」他又指當時無論英國國會抑或新華社均積極聯絡學生會，雙方希望爭取學生會支持，自己當年亦曾與其他幹事赴新華社與當時社長許家屯會面。

……

港大法律學院副教授戴耀廷於1985年任學生會外務秘書，他形容趙函孕育港大學生會對民主的信念，是自己民主啟蒙其中一部分。

明報記者蕭輝浩【港大學生會評議會紀錄‧系列一】，

《明報》，二零一四年一月九日

據香港報紙的習慣，記者如果升到高職，一般都極少再外出採訪新聞，四五十歲年紀仍到處「跑新聞」的實屬異數。一九八四年距今三十一年，筆者可以大膽假設《明報》記者蕭輝浩君當年可能還未來到人世，即使已出生，恐怕還未上完小學。那麼他寫的「香港大學學生會一直被視為學界意見領袖」極有可能是「前輩」口講，如「實」筆錄，當一個「文抄公」而已。

如果筆者猜錯了，歡迎讀者指正。

葉建源君當過「外務副會長」（據筆者記憶，葉君似

乎是「內務副會長」，如果筆者記錯了，也歡迎讀者指正），戴耀廷君當過「外務秘書」，他們都是「學生會建制派」。劉君不算「學生會建制派」，他記心不好，將事件中的關鍵記錯了容或情有可原，但是「學生會建制派」中人，尤其是葉君，許多事情細節就不應該記錯、也不可能記錯。

小記者未知「事件始末」

《明報》記者蕭輝浩君找到一九八四年香港大學學生會評議會的紀錄，卻找不到同年的《學苑》（香港大學學生會刊物），難免受人蒙蔽。

此下是根據一九八三至八四學年度《學苑》第六、七回合刊的〈致函事件始末〉疏理一下時序：

一九八三年九月二十三日，港大、中大及理工幹事會同學決定根據三會既定的前途立場（潘按：前途指對香港在一九九七年以後的政治安排），致函英國外次（潘按：外交部次長）雷斯先生。

九月二十七日，雷斯探訪中大學生會，但拒絕會見本校學生會。雷斯希望中大能以函件形式反映他們對香港前的看法。

　　十月三日。三學生會（指香港大學、香港中文大學、香港理工學院）與留英同學會舉行會議。中大在會上提交函件的草擬本。會議初步決定將函件交由留英同學會幹事在十月五日晚攜返英國，儘促遞交首相府。

　　十月四日，本校幹事會召開緊急會議討論聯署事宜。函件初訂本完成。評議會主席正式接到幹事會通知，並決定在翌日第四次緊急評議會會議，討論致函事宜。

　　十月五日，下午二時首次公開函件內容。五時，某些同學逕往學生會辦公室，建議押後聯署。七時，評議會正式召開第四次緊急會議，個別評議員認為諮詢時間不足，要求凍結討論和決議。八時，信件的英文正本由理工方面送抵大會。會議持續五小時，焦點集中於是否　意聯署，並因為信件是四會（潘按：指港大、中大、理工和留英同學會）的共同意見，評議會不能修改信件內容。會議結果以比較多數票贊成以「香港大學學生會幹事會」的名義參加聯署。

　　十月六日，幹事會拍發電報往倫敦，知會留英同學會有關決議，正式參加聯署。校內同學開始關注致函事件……有些同學甚至去函《南華早報》（潘按：即英文的 South China Morning Post，在港英時代最重要報章，地位非中文報章可比。香港政府官員都很重視該報的「讀者來論」letters to editor），指出「戴函」並不代表港大五千

同學的意見。

十月七日，（英國）首相府收到函件。

十月十日，英國國會議員收到函件副本。幹事會在紅磚梯（潘按：現已改建並易名為「中山廣場」）召開交待（代）會。會上ＸＸＸ會長和評議會主席ＸＸＸ同學（潘按：因為兩位同學並無高調參與或介入「黃巾之亂」，為免打擾他們的生活，在此不提他們的姓名）均就致函事件我會眾解釋，並在會場派發問卷。同學的質詢出現罕有的激烈，紛就信件內容及通過程序二方面指責幹事會和評議會漠視民意，個別同學甚至要求彈核幹事會，交待（代）會在極惡劣的氣氛下草草結束。

十月十三日，五十名同學要求召開全民大會討論致函事件。

以上先介紹「致函（信）戴卓爾夫人事件」（簡稱「致函」或「戴信」事件）的第一階段。

我們看看《明報》的報導，葉君和戴君只談「趙信」而不提「戴信」，這個當然也不足夠證明他們故意說謊，不過劉君的記憶就很差勁了。「戴信」事件在一九八三年發生，「趙信」事件其實是「幹事會」為了「戴信」事件焦頭爛額而做的補救工夫！

筆者知道而且清楚記得，因為一九八三至八四學年，

是筆者就讀香港大學的最後一年，而且當時有同學（他的姓名也不必提了）戲稱筆者是「反對派首席發言人」。

事發不過三十年，許多親身經歷「戴信」事件的香港大學校友仍然年未過六十，多數健在，但是「學生會建派」（葉君、戴君）已經給年青人（《明報》記者蕭輝浩君）一個「刪節版」，而「親建制派」（劉君）又「嚴重失憶」！

此下，先要介紹當年香港大學學生會的組織，然後再回顧一九八三至八四年香港大學的風波。

這對我們分析今天「學聯」和「學民思潮」很有幫助。

學生會行政獨大

香港大學學生會（Hong Kong University Students' Union，簡稱HKUSU）的組織架構，主要有幹事會（Executive Committee）和評議會（Council）。所有全日制本科生都自動成為會員，學生會亦接納全日制碩士生、研究生申請入會。

如果以「三權分立」來分析，評議會既是議會，自然算是代表「立法權」，但是評議會的立法任務極輕，甚至可以說一年之內、甚至同學讀滿三年（二零一二至一三學

年，香港大學才首次收錄四年制的新生）都沒有經歷任何「立法」。學生會不存在「司法權」，縱有極少量「排難解紛」，都由評議會兼領。不過，評議會在「太平盛世」時，只是個「冷署閒曹」，作為「行政部門」的「橡皮圖章」！

「戴信」事件就是個經典例子！

幹事會在外面有了「外交承諾」，評議會也只能「勉為其難」追認。

學生會的會長，副會長和各個秘書都屬「幹事會」，「幹事會」代表學生會的「行政權」。平素我們香港市民聽到「香港大學學生會」如何如何，其實每每只是「香港大學學生會幹事會」如何如何。

當時大學行三年制，每個學年九月開學，翌年六月算是學年結束，但是許多同學在五月已完成所有考試，可以「自由活動」。學制方面，則採用英式的學科制而不是美式的學分制。每年四五月間考期終考，平時不設小考或測驗，同學參加課外活動，理論上可以由九月開學到三月考試前夕才「發奮」讀書。文學院的制度更特別，第一年的成績不算入學位的級別，第二、三兩年各修四科，但第二年不考試，全部八科放在第三年畢業試一次過考。這個安排似乎是為了方便老師偷懶！有同學贊成，認為第二年可以更自由安排學習；亦有同學反對，認為第三年才考第二

年學過的東西會忘記，同時一次過考八科也太繁重。

學生會幹事會每年年初換屆，三年大學生涯，一般只可以參加兩屆的學生會，即是一年級至二年級，以及二年級至三年級。會長因為工作繁重，通常會申請休學一年；個別外務副會長亦然。因為年期緊迫，同學要入幹事會，入學第一年的頭幾個月就要決定，那麼才可以被現任幹事會高層選中，加入下一屆幹事會。然後當了一年甚麼秘書，升上二年級之後，才有機會問鼎會長之職。這是學生會選幹事會的「非正式」篩選，「老鬼」（即高年級的學長）在此扮演很吃重的角色！

蕭輝浩君以為「香港大學學生會一直被視為學界意見領袖」。對不起，起碼在「戴信」事件不見得如此。而且早在一九八三年，個別香港大學同學就曾因為幹事會專制濫權而要寫信到《南華早報》澄清「學生會不代表我們」！

《學苑》又是甚麼組織？

按照現代西方政治學的說法，代表傳媒這個所謂「第四權」。如果《學苑》跟幹事會關係良好，自然是「政府喉舌」，今天二零一五年，《學苑》與幹事會的關係應該算是良好，甚至密切。在一九八三至八四年，筆者的理解是《學苑》跟幹事會關係不密切，這樣的傳媒就算是「監察政府的力量」。當時《學苑》常被「學生會建制派」認

為是「反對派」大本營。那個年頭，有幹事會的同學甚至誤以為筆者是《學苑》的一員，其實筆者當年只是經常到《學苑》編輯部看報紙，並跟一些校友聊天。大家同樣不滿意幹事會「濫權專制」和過份參與政治，自然可以談得攏。

葉建源君做過副會長，戴耀廷做過外務秘書，他們都是建制派，屬行政部門。那個年頭「香港大學學生會幹事會」曾經弄得灰頭土臉，葉君、戴君對「戴信」事件避而不談，筆者身為當年的「反對派」，很能理解他們要自己忘記許多細節！

此下再談談當年的「全民大會」。

全民大會的真相

「全民投票」和「全民大會」理論上是學生會的最高權力架構，不過學生會不是一個真正的「政治團體」，大學同學平日各有各忙，對於幹事會的言行，通常都不大理會，聽任其自便。只有當幹事會「闖了大禍」，同學才會追究責任。事實上，這次召開「全民大會」以及之後的「全民投票」，正正是為了幹事會輕率參與聯署而引起原本沉默大多數反感的結果。

上文介紹劉進圖君回憶舊事，聲稱「學生會最終召開

全民大會，激烈的辯論從晚上開始，一直到清晨才表決，大多數出席同學認同學生會立場，開啟了一代人的民主治港回歸願景」。

這中間又有「失實陳述」，此下再引《學苑》的〈致函事件始末〉：

十月二十五日，七時，與會同學超過一千四百多人。（全民）大會程序正式開始……

……（潘按：過程中多次「傾向調查」的結果從略）

十月二十六日，二時，同學動議以議案形式表決，當時尚有六百多位同學在場。議決結果如下：三零七人認為第四次緊急評議會無效，一四七人認為有效。（潘按：68%比32%）

四時四十分，大會人數不足，被逼中止討論。

十月二十六日，五十名同學聯署要求全民投票，第八次緊急評議會通過在十一月二日舉行投票處理三個議案。

劉君認為這次全民大會「開啟了一代人的民主治港回歸願景」，筆者卻認為體現了香港大學學生會普通會員（包括筆者）以「民主程序」和「法治精神」，監察行政部門（在此是學生會幹事會建制派），防止濫權專制的行動。

然後是全民投票的結果：

十一月二日，投票結果如下：（一）追認函件：一零一一票贊成，一七零一票反對，三三七票棄權（潘按：

即是56%同學反對追認「戴信」,表示幹事會的聯署無效)。(二)去函中國表達意見:一六五五票贊成,一零零八票反對,三四六票棄權(潘按:這才是致信趙紫陽總理一事的由來,即55%同學贊成)。(三)進行校內全民意現調查:二八二四票贊成,八十一票反對,一四四票棄權(潘按:這裡《學苑》同學可能紀錄有誤,總數少了四十票,但無影響大多數人贊成的結果)。

十一月十一日,學生會收到首相府覆函。戴卓爾夫人在讚許同學熱心本地事務之餘,反駁幹事會的批評,認為本港的諮詢政制運作良好。

唯有「數據」不會說謊,當年《學苑》同學如實紀錄了投票結果,雖然算錯了四十票,總比三十年反劉君的回憶專業得多。

「戴信」的結局,是評議會那次通過學生會幹事會參加聯署的會議無效;是幹事會聯署的給戴卓爾夫人的信無效。如果我們以一個國家的政府來比擬學生會幹事會,這好比政府首長對外的外交行為,最終被國民否決!

可是學生會並不是一個政治實體,同學不是為了政治原因加入學生會,因此有少數同學認為學生會不應積極參與政治事務。筆者正正是這樣的少數「反對派」,而參與「戴信」事件,應該說在「戴信」事件的餘波中多次表態,都在這次全民投票之後。

〈香港五百萬人自決前途〉

現在先談談上世紀八十年代中英談判香港前途的一些背景資料。

葉君和戴君當年是「學生會建制派」，此後兩位都加入了教育界，政治活動方面則加入了民主黨。葉君的學生大多成為教師，戴君的學生則多是律師和大律師，他們在「雨傘革命」中扮演很吃重的角色。

劉君的「感言」說：「當時法律學院有不少師兄師姐恐怕回歸意味英式法制終結，加入了質疑行列，我和好些同班同學卻覺得，不應該支持延續殖民統治。」如果劉君的著眼點只限於他就讀的法律學院，那也可以理解。

當時的情況真的如此這般嗎？

先與讀者諸君重溫一下歷史。

香港島地區，因為中英第一次鴉片戰爭（1839-1842）後的《南京條約》（1842），中國被迫割讓給英國。現時一般認為香港在一八四一年「開埠」，換言之，英國人在簽訂《南京條約》之前，已實際佔領香港島。

九龍界限街以南地區，則在《北京條約》（1860）割讓。

一八九八年，中英再簽訂《展拓香港界址專條》，規定深圳河以南、界限街以北地區，連同大嶼山等二百多個

外島，租借給英國九十九年。租約至一九九七年六月三十日期滿。

一九七九年，距離租約期滿不足二十年，香港總督麥理浩（Crawford Murray MacLehose, 1917-2000）訪問北京，向鄧小平副總理（1904-1997）提出「香港前途問題」，鄧小平指出中國必定在適當時候「收回香港」。

此後，中英兩個經過多輪談判，於一九八四年簽訂《中英聯合聲明》（原名《中華人民共和國政府和大不列顛及北愛爾蘭聯合王國政府關於香港問題的聯合聲明》，英文為：Joint Declaration of the Government of the United Kingdom of Great Britain and Northern Ireland and the Government of the People's Republic of China on the Question of Hong Kong），《聲明》確認了「一國兩制，港人治港」的方針。自此，香港進入一九九七年回歸前的十四年「過渡期」。

「戴信」事件，以及後續的「趙信」事件，正正是中英談判期間，香港民意戰的一部分。

在一九八三至八四學年，「學生會幹事會建制派」以外，還有甚麼意見？

「戴信」事件之前，《學苑》有一篇文（兩位署名同學姓名從略），反映作者不甘無理「被人代表」：

今天，中、英雙方都在打「民意牌」，大家都聲稱

自己掌握了香港人的「意願」。但說穿了，他們的所謂「香港人意願」，不過是哄人的騙局、棋局中的一步而已。……他們考慮的……並非……全香港人的意願。……是他們自身的利益……

〈香港五百萬人自決前途〉，

《學苑》，一九八三至八四，第四回

這一小段文字尤其有趣，我們看看今天的「佔領行動」、「雨傘革命」，香港市民都不知不覺間被人「代表」了！

「佔領」是幾許香港人的意願？

就筆者所知，當年《學苑》的成員，有較多不同意幹事會的一貫立場。

筆者同樣不喜歡無端白事被不相干的人「代表」了，幹事會與我何干？

「學生會」是怎麼一回事？

那些年的大學生是甚麼年紀？

一般中學生大約十八歲左右參加中五會考，二十歲考香港大學入學試，畢業時大概二十三歲，撇除多次留級不算，大部分同學的入學和畢業年齡都是相差一兩年之內。

筆者當年的見解，認為應該由香港人自決，雖然個人

希望維持當時的現狀，不贊成中國收回香港，但是假如香港人有機會自決的話，筆者仍會服從大多數香港人的意願。三十年後回頭看過去，讀者諸君當然可以譏笑我們當年很幼稚，沒有看清楚香港不可能在一九九七年以後維持先前的殖民「現狀」。但是誰沒有年輕過？那是「資訊不足時的決定」（Decision with Incomplete Information），至少我們不會像三十年後的香港「學運領袖」那樣，甚麼都懂得，就是不懂得認錯！況且，如果在上世紀八十年代初，不是這麼多香港人直率地提出對「回歸」的疑慮，香港人會得到「一國兩制、港人治港」和《基本法》嗎？

全民投票之後，學生會幹事會舉辦了許多場午間論壇，筆者不願被幹事會粗暴地「代表」了，每逢有午間論壇，都儘快吃完午飯，好出席下午一時至兩時的論壇發言。論壇多數在紅磚梯舉行，那片地後來填高了，成為「中山廣場」，不過仍留下紐魯詩樓旁中山階這一道紅磚梯。

筆者最重要的見解可以簡單歸納為以下幾點：

（一）學生會的組成非常流動，每年大約有三分一同學畢業，換上三分一新入學的同學（醫學院和建築學院的同學還要升四年級、五年級，但是因為課業繁忙，不可能參加學生會活動，運動除外），幹事會不可能甚麼時候都掌握大多數同學的意願。

（二）學生會不是政治組織，同學考上大學便自動成為學生會會員。幹事會不應「自把自為」去代表同學發表政見，或有意無意間令社會大眾誤以為幹事會能夠代表大部分同學。

（三）同學的課業很繁忙，幹事會成員也很繁忙。總不成每次幹事會有政治行為都廣泛諮詢同學，亦不可能每次行動都聲明幹事會不能代表全體同學。為免麻煩，筆者建議有興趣參與政治活動的幹事會成員，大可以自行加入外間的政治團體。

（四）如果每屆幹事會繼承傳統的政治立場，既不能每年因應同學大批更換調節而調查一下民意；又不理會少數持有不同政治價值觀的同學，強行代表他們發表固定而不可變的政見，就應該容許同學退出學生會，那麼所有退會同學可以聲明以後幹事會的政治行為都不代表他們。

筆者上述第一、二兩點涉及學生會這個組織的本質。當年同學交了學費之後，校方會撥出一部分給學生會，當為同學交了學生會的會費。這個辦法的好處是防止同學不交學生會的會費而去享受學生會提供的服務和福利（如食堂、廉價影印服務和文具等等）。學生會不必另外為同學發一張會員證，我們手上全日制本科生的學生證就等於學生會會員證。這個制度當時我們稱之為「必然會員制」（Compulsory Membership）。

　　三十多年前，社會大眾對香港大學學生會的運作所知無多。外界不知道許多同學對幹事會的所作所為全無興趣，但是涉及「香港前途問題」這個極有可能影響我們香港人一兩代，甚至幾代的大事，我們向來沉默的「學生會會員」實在不願意在不知情和無法參與的情況下「被代表」。

　　本書前文介紹過「四大自由」，三十年前我們「一小撮」同學質疑學生會幹事會濫權，可以說是維護自身的「第五自由」！筆者稱之為「免於被強迫代表的自由」（Freedom from being forcibly represented）。

　　記得在當年的論壇，有一回一位幹事會成員說同學應該團結（到了今天香港大學學生會仍沿用「團結一致、獨立自主」的口號）。筆者當時很直率地向他聲明：「同學來自五湖四海，有不同背景，有不同的政治見解。你不崇拜我，我不崇拜你。為甚麼要團結？」當然，再說得坦白一點，幹事會支持「回歸」，有同學不支持「回歸」，怎樣團結？

　　筆者的第三個重要論點，涉及幹事會有可能「盜竊名器」的大問題。幹事會的成員要議政、參政，儘可用個人名義，如果在明知有相當數量同學反對，仍然一意孤行，這個就算「盜竊名器」，因為社會大眾不知道學生會是怎樣組成，而且容易混淆「學生會幹事會」（連正副會長

及各種秘書才十幾人）與「學生會」（名義上代表數千會員）本身！

當年就有幹事會成員聲言，如果只負責校內同學的福利而不能以學生會的名義參與公共事務（包括政治活動），他不會有興趣入幹事會！這個是雙方對學生會本質這回事，在認識上有嚴重分歧。

筆者的第四個重要論點，是個折衷辦法。

同學加入學生會幹事會是為了議政、參政，如果只是講些如雞毛蒜皮般的生活瑣事，筆者無意打擾同學的雅興。但是「前途問題」關係非輕，豈能任人強迫「代表」？筆者的意思是你們一定要按照自己的喜好去攬政治，那麼請容許我們退會！以示「劃清界線」。

當時有同學提出，任由同學退會行政上不可行，因為校方已代收學生會會費，要求退款有困難。筆者當時解釋說這個只是用作強烈表達「意向」，會費可以照收我的，福利我用不用都可以，但是要保留一個簡單的權利，就是聲明「幹事會不代表我」！幹事會一小撮同學堅決從政，應該准許異見同學退會，那怕只是名義上的退會。

在此期間，筆者多次在論壇要求廢除學生會的「必然會員制」。

一九八四年夏天，筆者的大學生涯完結，香港大學學生會所有糊塗事與我再無關係，那個學年花了許多精神時

間跟「學生會建制派」周旋，只是為了捍衛自己的自由。政治上不表態的自由，以及「免於被強迫代表的自由」。

「趙信」是「戴信」事件的餘波

現在可以整理一下事情的時序，以更正原先劉君「失實陳述」，以免讀者再受劉君差勁的記憶所誤導：

（一）一九八三年十月，香港大學學生會的建制派，以幹事會的名義，聯署了幾個學生組織給英國首相戴卓爾夫人的信。

（二）同月，有香港大學同學要求彈核幹事會，另有同學要求召開全民大會。

（三）同月，香港大學學生會全民大會議決進行全民投票。

（四）十一月，投票結果反對追認幹事會聯署信件（即宣佈聯署無效），贊成致信趙紫陽總理。

（五）一九八四年一月，香港大學學生會致函趙紫陽總理。

（六）五月，學生會收到趙總理覆信。

《明報》記者蕭輝浩君大筆一揮，寫下「香港大學學生會一直被視為學界意見領袖」的名句。筆者姑且大膽推測，這是有些「老人家」教他的，他不知當年香港大學學

生會連校內都代表不了！至少在三十年前的「戴信」事件中完全不是甚麼「學界意見領袖」。當年時間緊迫，筆者理解幹事會的頭領不願落後於人，如果不及時參加聯署，這事就變成中大學生會和理工學生會當了「學界意見領袖」了！

其實，未有「趙信」之前，甚至未有「戴信」之前，香港大學學生會早就有民主信念和實踐，否則，怎能有實實在在的機制（全名大會、全民投票）去推翻幹事會濫權專制的錯誤決定？戴耀廷君對記者蕭君說：「趙函孕育港大學生會對民主的信念，是自己民主啟蒙其中一部分。」筆者的意見是，後半句只涉及戴君他本人，可以他一個人說了算，前半句則有「具欺詐成份的失實陳述」（fraudulent misrepresentation）之嫌！

你真能代表「學生會」數千會員講這話嗎？

你連「學生會幹事會」十幾人都代表不來！

反對民調、反對致函

筆者既被戲稱為「反對派首席發言人」，當時學生會建制派亦很願意跟筆者交流，所謂「君子和而不同」，「其爭也君子」。這是我們那一代讀書人的基本操守。三十年後的今天，香港各大學積極參與「雨傘革命」的學

生會建制派，用些甚麼手段凌迫異己？身歷其境的當事人或可以提供有血有肉的描述。

學生會的反對派從來都不易當，三十年前已有同學（姓名從略）指出：

我以為這次民主論爭的背後，多多少少反映了政治觀點上的衝突。今次事件的爆發及延續，就是政見分歧在民主論爭的外衣下推動的。如果我說，每位港大同學都擁護共產黨，歡迎它所提的治人治港方案，這只是一個狂想；反共，不相信港人治港可行性的大有人在。這些同學，在前途事態發展上往往處於不利的地位 因為公開反對總比擁護更需要勇氣。故此，他們總希望學生會在前途問題上參與越少越妙。這次事件之能發起，就是學生會評議會在沒有完全依循民主途徑、憲法精神的情況下通過致信英相。這個錯誤，使雙方的爭持在這個論點上表現出來。

我以為，不同政見者熱烈論爭，是一個開放社會所歡迎的。但長久以來，在港大校園就沒有這情形出現，而只以另一形式爆發。結果，夾於中心的學生會（指組織而言）就成了主要的受害者。

〈從另一角度看「戴函事件」〉，
《學苑》，一九八三至八四，第六、七回

　　三十年前，香港大學學生會建制派企圖「強姦民意」，濫權專制，強迫同學跟他們一起支持香港回歸，雖然如此，一小撮「反對派」仍然獲得體面的待遇。三十年後的「黃巾之亂」，各大學的學生會建制派支持並積極參與「佔領中環」、「雨傘革命」，卻是「監人賴厚」，對那些不願意附從、拒絕「罷課」的同學，竟然辱罵為「返學奴」！他們打壓的「返學奴」只是不肯聽話去參加罷課，甚至沒有發言反對呢！

　　筆者當年在香港大學校園，反對幹事會越權的言論最直接，但是幹事會仍以文明的態度與筆者交流。有一次公開論壇，主辦單位共請了三位「反對派」的同學做「嘉賓」，正正是筆者和兩位當時《學苑》的副總編輯（姓名也不必提了）。雖然意見不同，但是建制派仍然很有風度的給我們沒有組織的反對派非常充分的發言機會。

　　後來，當時的外務副會長邀請筆者參加設計問卷，這也反映「建制派」包容「反對派」的風度，整個「會談」的氣氛友善而和平。完全不似今天「黃巾之亂」大環境之下，那些「反民邪教黃巾賊」那樣完全不尊重「異己」。不過筆者認為這件事根本就不應該做，因為可能有「大魚吃小魚」的效果。筆者那個時候不贊成「回歸」，不要被吃掉。

　　到了起草寫給趙紫陽總理的信件時，筆者當然也不能

參加，只曾在公開論壇上提了一次意見，就是指出草稿有一處地方不合應用文的格式，那是不願意見到香港大學的招牌再次出醜。雖然反對學生會幹事會寫這個信，筆者還是拿了自己平日用的一本應用文參考書，交給葉建源君。這本書葉君到了學年終結也沒有還我。

現在回頭去看這一段經歷，當然有浪費時間之感。不過，也體現了一個沒有「公權力」的「蟻民」，在體制下盡了努力，保護自己的政治權利。當時筆者要保護些甚麼，自己也說不出來。現在，可以總結為保護自己「免於被強迫代表的自由」（Freedom from being forcibly represented）！

公投廢除「必然會員制」

一九八四至八五學年，香港大學有一位曾經出任學生會幹事會成員的同學，發起全民投票（今天人人都稱為「公投」）。這位同學由「建制派」轉為「反對派」，需要更大的勇氣，因為這位同學沒有牽涉入「黃巾之亂」，為免影響他的生活，姓名也不必提了，以下姑且稱為「某同學」。至於筆者已在一九八四年夏天畢業，學生會會員的資格自動撤消，這次全民投票，已經事不關己，而且也沒有資格置喙。

以下引自《學苑》一篇文章的論點，讀者持之與本章前文引《明報》的評論和報導，可以看出屬於或支持「建制派」的劉進圖君、葉建源君和戴耀廷君講的一套，跟反對「學生會中央」從政的見解，有些甚麼重大差別：

筆者曾在學生會中央工作，深知廢除學生會必然會員制和簡化學生會結構勢將遇到很大阻力誰。但具體問題，具體解決。破壞是需要勇氣和毅力，但破壞的背後，筆者是展望一種新的大學生活，建設另外一種學生活動和體制。使大學校園少一點虛偽，少一點複雜，少一些所謂「大忙人」；多一點真誠，多一點簡樸，多一點名符其實的大學生。

……由於學生會收入豐盈，可以資助一些無能的單位繼續生存。除此，更支持了學生會幹事會、評議會、各常務委員會及學苑的生存（學生會幹事會每年支出是十多萬、評議會是一萬左右、學苑亦十多萬），製造出所謂學生會中央，製造出大量的評議、管理、行政及財政等工作，也製造出很多沒有必要以中央來擔任的工作。由於中央工作在大學生圈子被過份地偉大化了，自然地吸引了很多同學投身，以致擔當過量工作，損害學業成績，不能盡學生的基本學術責任。所謂人在江湖，身不由己。

……每年有近二千新生入學，當被強制地成為學生會會員後，他們可能便被外界人仕賦予那些形象，被迫成為

一個特定政治立場的學生會的一份子。必然會員制不但強迫賦予一個新生學生會會員資格,更賦予他一定的「大學生形象」,學生會的前途立場等東西。這樣是會阻礙個人獨立思考的發展和個性的培養。

學生會的瓦解,使學生會整體在社會上扮演不了什麼角色。事實上,一向的所謂港大學生會角色可能是虛偽的。五千多同學來自不同背境,對事物看法不一,也並非代表任何特定利益和階層,試問怎會產生一個統一的香港前途立場或時事聲明呢?學生會既然是一盤散沙,那麼就以一盤散沙的形象給外人看吧。沒必要假裝什麼大團結、大一統、五千多大學生是不可能、也沒必要去團結,因為現在不是抗日戰事。勉強地要學生會扮演一個社會壓力團體的角色,可能外務幹事在面對社會人仕時方便一些,卻強姦了個別同學不同的意願,而他們通常也無從申訴。⋯⋯

〈建議廢除學生會必然會員制及⋯⋯〉,

《學苑》一九八四至八五,第五回

「某同學」很直率地指出,「學生會中央」、「必然會員制」等等,做成大學校園的虛偽。而這些虛偽,三十年後的今天,仍然在「學生會建制派」中世代相傳,簡而言之,就是社會大眾被誤導以為學生會中央很能代表同

學,他們不知道大學生是在沒有選擇的情況下「被加入」學生會。年青記者蕭君,或者那些二十一世紀的香港學運領袖,在跟劉君、葉君和戴君等前輩交流之時,當然不可能聽到如潘國森和「某同學」的不同聲音。劉、葉、戴三位是今天學運(學生運動)或社運(社會運動)中人(包括仍在學和已畢業多年)的老前輩、老師、上司,等等。

「某同學」在此提及「學生會的瓦解」,是指假如當日全民投票議決,能夠成功廢除「必然會員制」,而事實上,這次全民投票沒能得到過半數支持,「學生會必然會員制」繼續肆虐!

上文,筆者提出了「第五自由」。「某同學」這回以一人之力,推動「學生會」的「真民主」,筆者形容為捍衛「第六自由」,即「免於被迫參政的自由」(Freedom from being coerced to join political movements)。

三十年前,香港大學的同學在香港前途問題上,被學生會幹事會粗暴地「代表」了。三十年後的今天,香港有幾許大學生,在香港政制改革的問題上,被學生會幹事會更粗暴地「代表」了?

筆者與「某同學」完全沒有交集,在一九八三至八四學生發言最擁躍的幾個月之中,沒有跟「某同學」說過一句話。不過,葉建源君和戴耀廷君與「某同學」應該曾經在幹事會中共事過,在一九八四至八五學年仍在香港大學

就讀。葉戴兩位可以忘記了如筆者這一類在學生會沒有
「一官半職」的所有「蟻民」質疑越權；但是他們不可能
忘記了「某同學」那一回質疑學生會中央、學生會幹事會
存在意義的壯舉。

葉建源君、戴耀廷君唸大學時做過「學生會中央」，
畢業後加入政團，又長期擔任大學教師，他們如此熱衷於
向年青人灌輸「學生會爭民主」的意識，這些「口述歷
史」究竟還有多少「失實陳述」？

「學運」變成邪教

上文花了許多篇幅向讀者介紹三十年前的舊事，一來
筆者躬逢其會，有第一手資料；二來為了幫助年青人及其
家長加深了解今天的所謂「學運」究竟是怎麼一回事。

如果社會大眾只聽葉君、戴君的一套，只講「趙信事
件」而不談「戴信事件」，對那些年的「學運」的真相，
就未免太過無知了。

經歷過一九八三至八四年「戴信事件」的一代大學
生，今天已年過半百，他們受過「戴信事件」的「洗
禮」，知道當時學生會幹事會受過些甚麼批評和制裁，當
然不會盡信今天主流傳媒講的故事。事實上「戴信事件」
之後，不少繼續加入「學生會中央」的同學，今天許多已

經在政界、教育界、傳媒擔任高位，由他們去褒美香港的「學運」，難免有「老王賣瓜，自賣自誇」之弊。這樣卻有助於「學運」的傳承，有助於讓新加入的同學被「偉大化」，去做一個投身「學運」的「大忙人」。

「戴信事件」之後，香港的「學運」一度陷入了低潮。香港正式進入回歸中國前的十三年「過渡期」（一九九七減一九八四等於十三），大學生在民意戰中的價值下降。正如「某同學」所講，加入「學生會中央」做個無謂的「大忙人」始終會影響學業。到了九十年代，多次出現各大學的學生會無人願做的困境；又發生過好幾次學生會幹事見財起心，挪用公款自肥的醜聞。然後，是一系列大學迎新活動出現猥褻下流的「遊戲」，個別「學生會中央高幹」沒有甚麼政治可攪，就跑去玩「腐敗」，濫用組織形新活動的小小權利，設計淫賤遊戲，乘機對新生「性騷擾」。

「黃巾之亂」發生前幾年，各大學學生會的會長、以至「學聯」的頭領，在香港政治舞臺上，都是參與一些「跑龍套」的角色，社會大眾和政圈中人都不屑一顧。

讀者看過本章的舊材料，當可稍為理解香港的「學運」有幾許強姦民意的成份。大學生要監察學生會幹事會的運作困難重重，「學聯」由各家大專院校的學生會組成，更屬「無王管」。

筆者認為，邪教必定包含「無知」和「仇恨」，才能

夠運作。三十年前面對的香港大學學生會幹事會，筆者
並不覺得他們特別無知，筆者作為（或被視為）「反對
派」，與「學生會中央」的最大分歧，是學生會的本質，
以及幹事會硬要代表同學論政是否合法、合情、合理。

三十年後的今天，在兩個多月的「黃巾之亂」，再加
前期醞釀和踏入二零一五年的後續發展中，我們香港市民
可以清楚見到那不超過十個的「學生領袖」（實是「學生
黃巾賊」）的言行是何等無知、荒唐、橫蠻和粗鄙。

「學聯」的過去，筆者所知不多，香港有更多人有資
格批評介紹。但是學聯之不能代表各大學學生會，一如各
大學學生會不能代表廣大同學。

當「學生黃巾賊」不停辱罵梁振英為「六八九」（在
全部一千二百票中，以六百八十九票當選行政長官）的時
候，二零一五年學聯選出新一屆秘書長，羅冠聰先生以
三十七票「高票當選」，網民稱他為「羅三七」！三七即
是田七，是一味活血化瘀藥。「羅三七」秘書長可以幫
「學聯」活血化瘀嗎？

濫權專制、盜竊名器

香港「學運」走不出「濫權專制、盜竊名器」的死胡
同。

「香港學運史」最荒唐的組織非「學民思潮」莫屬！

筆者對二十一世紀的「學生組織」認識不多，甚至對於香港大學學生會和學聯，都只能談一談三十年前的舊材料。有些「學運」中人，經當會欺瞞局外人不明真相，聲稱幹事會的每一位成員，包括會長、副會長和所有秘書（或稱幹事，都是英文secretary的中譯）都是全體同學「一人一票」選出來。問題是幹事會十之八九都只得一張競選名單，實情是「等額選舉」而不是「差額選舉」，平日同學不會憂慮「被代表了」而不投票，所以只要有人出選，就能當選。換句話說，學生會的選舉十之八九都是沒有選擇假選舉！

學民思潮更荒唐，連演一場戲、做一次「騷」的假選舉都省卻，非常敷衍、非常不專業。

當學民思潮初次登場，出頭露臉之後，筆者有點好奇，問一位自稱非常熟悉香港政界情況的朋友，這個學民思潮究竟有幾多成員。豈料這位支持「學生運動」的朋友對筆者怒罵，說將來是年青人的世界，我們成年人管不了。可是，批評、或者僅僅是查詢也不可以？

「學民思潮」有多過「六八九」位成員嗎（潘按：據《維基百科》，成員一百五十，義工約六百）？

如果說學民思潮是由黃之鋒先生一個人說了算，那麼許多缺乏全盤資訊的香港人可能會同意。

學民思潮的召集人是怎樣（how）選出來？由那些人（who）選出來？現在我們只知道學民思潮原本有兩位召集人，即已離任的林朗彥和現在唯一的黃之鋒。

二零一四年甲午香江黃巾之亂，事實上由「學聯」和「學民思潮」兩個組織共同推動成真。

學界、政界、傳媒為什麼這樣重視「雙學」？

「學聯」是老牌「學生組織」，「冒認」為「學生領袖」由來已久。「學民思潮」呢？

按手頭上的資料顯示，據說是由幾個中學生發起，然後得到許多政治力量的「加持」和「提拔」，由「反對國民教育」的專家和「利害相關者」（stakeholder），搖身一變成為香港一切事務（當然包括政治）的「權威」！

「黃巾之亂」之後，有個別香港主流傳媒更荒唐到有甚麼事都可以訪問黃之鋒先生，向他求「一個說法」！外國傳媒的吹捧，更令人嘆為觀止！黃之鋒先生年未過二十，竟然連「老人政治」（Gerontocracy）也學會，「學民思潮」不應該是一個中學生的組織嗎？

現在黃先生等第一代「領導人」都中學畢業了，為什麼不交班？

黃先生這個「召集人」有任期嗎？

不會是終身制吧？

大學學生會誤導社會大眾，讓大家誤以為學生會會長

可以代表所有或至少大部分同學，是為「盜竊名器」。

學聯誤導會大眾，讓大家誤以為學聯秘書長可以代表所有會員院校，同樣是「盜竊名器」。

學民思潮則指使中學生聲稱在自己的學校成立「政制關注組」，同樣是「盜竊名器」。

同樣是「盜竊名器」，「大學生組織」尚且辦一個沒有競爭的假選舉來來裝模作樣；「中學生組織」則赤裸裸的做強盜，自封「召集人」！

在「黃巾之亂」前後，學民思潮高調在「友好」傳媒公報有幾多家中學成立了「政改關注組」，若有校長制止，那些「友好」傳媒就乘機造文章，指責校方打壓學生的政治權利云云。實情是，假如有一家「張三中學」，有三兩個學生加入了學民思潮（或僅僅當個義工），就自稱成立了「張三中學政改關注組」，這樣實實在在是「盜竊名器」。在學民思潮的友好傳媒吹噓之下，市民根本不知道「張三中學」的「政改關注組」裡裡外外總共有幾多位成員！背後之目的，恐怕是誤導市民，棍騙他誤以為「張三中學」有大量、甚或過半數學生支持「學民思潮」或者「佔中」！實情是香港一般中學都有好幾百個學生，甚至上千。

這不是強盜行為是什麼？

學民思潮四出去教唆中學生自組「政改關注組」，欺

世盜名，以達到奪權目的。假如大學學生會是小偷，則中學的政改關注組就是大賊！

年輕的軀殼入面，其實可以藏有極為醜惡的靈魂！

第九章　林慧思陳日君粗口鬧事

Chapter 9　Filthy Language Defamation by Lam and Zen

Chapter Summary

Cult usually makes followers ignorant and inflicts hatred feelings. Filthy languages have been particularly efficient for stirring up people's anger amongst Cantonese speaking communities. In July 2013, a Ms. Alpais Lam Wai-sze, teacher of Pui Ling School of the Precious Blood, a Catholic primary school, insulted a police officer on duty in Mongkok, by saying "fxxk your mother!" Later on, Cardinal Joseph Zen Ze-Kuin, who is also Emeritus Bishop of the Catholic Diocese of Hong Kong defended Lam and urged his follower to say filthy languages against Leung Ching-Yin, Chief Executive of HKSAR.

School administration tried to settle the incident claiming that Ms Lam had already made an apology. The author of this book regards this as "barking up the wrong tree" since Lam hadn't fxxk the mother of students or parents, she had said fxxk police officer's mother instead! An account on traditional custom about educated Cantonese towards filthy languages is included in the appendix.

Hong Kong became the City of Filthy Language of China since then and this could be properly reflected by how a Yellow Ribbon protestor fxxk Mr. Ulf Olofsson just because the latter held a different view towards Hong Kong Police!

What Lam and Zen did was roughly equivalent to a declaration of war against Confucian moral doctrine and Chinese traditional values that are still practising here in Hong Kong.

林慧思陳日君粗口鬧事

「學運邪教」是「反民邪教」的一支。

前文提過，邪教的運作，經常以「無知」和「仇恨」作為兩大支柱。

「學運邪教」要製造無知，通過不盡不實地虛構歷史，用謊言培養一代又一代無知淺薄的大學生，到了二十一世紀的今天，影響波及中學生、甚至小學生、幼稚園生，真可謂無所不用其極。可是，單單用洗腦法製造無知，不足以推動「黃巾之亂」，還須要散播仇恨！

最簡單的做法，是用惡毒言語去攻擊異己！

《增廣賢文》有云：「傷人一語，利如刀割。」又云：「利刀割體痕易合，惡語傷人恨不消。」

在黃巾之亂的幾十天內，先是「反民邪教黃巾賊」用粗口侮辱反對「非法佔領」的市民，這些被謾罵的異見者也是血肉之軀，難免會反唇相稽。廣府話俗語有云：「相嗌唔好口。」意即爭拗吵架逐步升級，會出現用詞過火，令雙方都不理性，結果矛盾再升級。

二零一三年夏天實是一道分水嶺，自此香港成為「粗口之都」。

這一年夏天，筆者寫了一首七言打油詩：

（引文開始）

〈癸巳歲林慧思陳日君粗口鬧事〉

南海潘國森

樞機撐硬寶血會！寶血撐硬校長馮！
校長撐硬爛口林！阿林撐硬法輪功！
調理農務蘭花系，侮辱阿媽播歪風！
陰謀毒計來滋事，歇斯底里罵八公。

男警八公女八婆，莊敬執法被污蒙。
樞機字字如金玉，賤人句句誤兒童。
奸佞謬論what the fxxk，三歲娃娃怎適從？
阻差辦公還發惡，聲容囂厲勢洶洶。

修女未解骯髒語，墮落迷霧五里中。
基督寶血唔中用，難擋長舌口水沖。
鐵證等閒呈詭辯，曾得卓越教學封。
狼戾兇頑未認錯，拖延包庇講唔通。

無能局長盲聾啞，龜縮潛藏一俗庸。
奸黨構陷莫須有，堂堂男子困牢籠。

蟻民面青光天黑，樞機氣定法衣紅。
聖徒隨意行公義，法治精神一掃空。

華夏道德首重孝，慧思蘭系恃勢攻！
姦人阿媽當小事，教牧陳氏扮耳聾。
人人都係阿媽生，耶穌基督亦相同。
日君聖旨粗口鬧，天父十誡大江東。

教民指揮警執法，前清教案又重逢！
穢思妖霧迷港海，塵逸瘴氣鎖爐峰！
白作黑兮鹿為馬，香江前景歎飄蓬！
耶穌道理唔明解，天國無門問教宗。

題解：

　　二零一三年七月，香港市民林慧思，在旺角鬧市以廣府話中最惡毒的粗口辱罵執法警員，此四字粗口譯成白話，是「姦你阿媽」或「幹你的娘」。林君為小學教員，任教寶血會培靈學校。八月，天主教樞機陳日君神父認為行政長官梁振英不應過問林君粗口辱警事，並呼籲市民對行政長官「鬧佢粗口」！

體裁：

　　本篇為打油詩，共六章，每章七言八句。打油詩是唐朝的張打油首創，特色是用字淺白而俚俗諧謔，平仄和對仗都沒有甚麼要求，只要押韻就可以。

用韻：

　　本篇以廣府話方言入詩，不依「平水韻」而按粵曲韻用「農工韻」。農工韻相當於平水韻的一東、二冬合用，六章同韻，一韻到底。

簡註：

　　「撐硬」。香港潮語，譯成白話是：「堅決支持」

　　「校長馮」。倒裝句，指培靈學校校長馮敏兒女士。因遷就韻腳而用。

　　「調理農務蘭花系」。香港政治組織，林慧思君是成員之一。全名七字，前四字是「姦你阿媽」的諧音；後三字更儖俗下流，用作侮辱女性「外陰部因病變而潰爛」，用意非常惡毒！

　　「歇斯底里」。英語hysteria的音譯，泛指精緒失控。原詞與女性的子宮有關，因為早期西方醫學界誤以為與子宮有關。

　　「莫須有」。史載南宋初秦檜構陷岳飛謀反，韓世忠質問秦檜有何證據，秦檜答「莫須有」，意為「恐怕有」、「也許有」。

「堂堂男子」。泛指香港警察，因為香港民俗每有敬稱警察為「男子漢」。

「教案」。清中葉以後，中國與列強交涉連番不利，外國人在中國享有治外法權和絕對的傳教自由。外國人和傳教士不受中國法律約束，一些傳教士不了解中國的傳統習俗、不尊重儒家的道德倫理，常有包庇教民，散播仇恨、撕裂社會，結果做成許多不必要的流血衝突。

「明解」。香港流行潮語，指「明白和理解」。

（引文完結）

這首詩發表不易，只能在「臉書」和筆者「部落」上載，事後少不免被林慧思女士的一大票支持者和同路人謾罵。

二零一三年七月，互聯網上流傳一段影片，有一名女子在旺角行人專用區干擾警員執勤，要求現場警員按照她的指示執法。現場警務人員耐心多番解釋，但是該名女子情緒漸次失控，用粗言穢語謾罵現場警官。

事後，有消息指該名女子名叫林慧思（Alpais Lam Wai-sze），是天主教寶血會培靈學校（Pui Ling School of the Precious Blood，香港北區的一家小學）的教員！

最初上載的片段，可以清楚聽見林女士用英文粗口「what the fxxk」辱罵警官，全城嘩然！然後香港許多自

稱英文水平很高、在英美等英語國家住過的人發言聲援，認為那句「what the fxxk」在英語不算「粗口」，對於所有不能接受小學教員公然用「what the fxxk」罵人的香港市民，他們都譏諷為「英文水平差劣」。

過不多久，又有新片段曝光，這回更清楚聽見林女士用廣府話粗口「X你老母」辱罵警官。當時立法會教育界功能組別議員葉建源曾經聲稱，這片段有造假之嫌。即是說，葉君認為有人陷害林女士，片段是真，卻有人自行配上粗口，插贓嫁禍林女士；即是說，葉君「懷疑」林女士其實沒有罵過「X你老母」。事後，葉君再無提供任何證據，而林女士亦從來沒有否認過曾經「X警官老母」。

行政長官梁振英曾經要求教育局長吳克儉為此事提交報告（有消息指一名小學女教師在旺角以「X你老母」辱罵正在執法的警務人員），然後天主教香港教區榮休主教陳日君樞機，批評梁振英「大膽」，並呼籲聽他這次談話的人（筆者估計是陳樞機的信眾）「鬧佢（梁振英）粗口」。「鬧佢粗口」這句廣府話，可以譯為：「用粗口罵他（梁振英）！」

以上是筆者寫《癸巳歲林慧思陳日君粗口鬧事》詩的背景。

筆者又寫過了一篇六千多字的長文，題為《香江粗口事談平議》，討論筆者所理解香港人對何謂「粗口」的傳

統觀念。在當年八月號的《百家文學雜誌》發表，現收錄在本書的附錄，供讀者參考。此文寫在陳日君樞機呼籲人「鬧佢（梁振英）粗口」之前，不過，已詳盡講解過去廣府人對「講粗口」的基本態度。

陳日君樞機確實有叫人用粗口鬧梁振英，卻不承認鼓勵「粗口基督徒」講粗口。以近年香港政圈的「潮語」，可以用「走數」（指當事人拒絕支付商業上的「應付款項」）兩字形容！

君無戲言、講笑搵第二樣！

陳日君樞機在約一個星期之後改口，先看天主教香港教區的官方刊物《公教報》：

八月十五日蘋果日報A4版說我「笑言梁表現惡劣」，應被「粗口」對待，「離譜呀佢，你鬧佢粗口啦你，我支持你」。

那幾句話我是在電話裡和記者朋友隨便談話時「講笑咁講嘅」。當然這些話講笑也不適宜。其實該說，那是「激氣話」，也就是說：在憤怒中我說：「難道梁想激到別人用粗口來罵他嗎？」由此而說我「真正鼓勵別人用粗口罵梁某」與真理倒頗有距離了。

〈讀者心聲〉，《公教報》，二零一三年八月二十五日

　　我們凡夫俗子不能由此推論樞機用了「語言偽術」，「支持」不同「鼓勵」，「鼓勵」也不同「支持」。兩個不同的「雙音節詞」，語義和用法當然不同，否則就不需要有兩個詞了。

　　這究竟是「講笑」？

　　還是「憤怒」？

　　又抑或是「憤怒中講笑」？

　　假如這番話真的「不適宜」，是否需要收回？

　　筆者只想起中文成語「君無戲言」和廣府話俗語「講笑搵第二樣」（開玩笑找別的話題）。

　　樞機叫記者「鬧佢粗口」，還說了「支持你」；這都不算「鼓勵」？

　　這個還可以「自圓其說」。但是從樞機自己認可發表、不是記者轉述的「心聲」之中，並無片言隻字勸教友「不要講粗口」，現在事實的真相是林慧思女士「X」了警官的「老母」在先，怎麼會是梁振英「激」了誰？

　　還有記者轉述陳日君樞教理解的上海話粗口，以及林慧思女士講粗口的動機：

　　他解釋，支持林老師不等於支持說粗言穢語，教會亦絕非鼓勵講粗口，即使客觀上說粗言是不對，但判斷善惡要考慮多個層面，「例如一個人自殺喇，教會係咪好似以前咁，話呢個人肯定落地獄呢？梗係唔係啦，以前話自殺

一定唔准葬喺天主教墳場啦，唔准公開幫佢開（追思）彌撒啦，依家乜都准㗎喇⋯⋯粗口當然唔啱啦，但一個人講粗口，你係咪話佢做咗件好邪惡嘅事？你有冇另外一個角度去睇呢件事？」

在上海出生的陳日君，認識上海粗口的含意，「好犀利」、「好邪惡」，「如果一個人講（粗口）嘅時候，係諗緊個詞語係乜嘢呢，咁就好邪惡喇，但好多人根本唔諗自己講緊乜嘢嘅，佢因為憤怒吖嘛，呢句粗口只係一種方式去發洩佢嘅憤怒，當然係一個好唔啱嘅方式啦，好多時唔係好謹慎、好深思熟慮咁爆咗一個粗口出嚟」。

他相信林慧思當時亦是一樣，「（粗口）唔係好嘅工具啦，嗰句話係好難聽，但佢有值得原諒嘅地方」。他指現時社會充斥說粗言穢語的文化，「文化上有太多粗口喺度，所以大家都好似冇咁驚，俾個唔好嘅文化渲染咗，不知不覺都會講」。

〈陳日君願陪林老師上廷〉，《蘋果日報》，2013年8月17日

「林慧思粗口鬧事」真相大白之後，許多曾經高談闊論的人都失了蹤，因為林女士不單止罵了英文的「what the fxxk」，還罵了廣府話的「X你老母」，鐵證如山！要「判她無罪」真的有難度。如「教師代表」葉建源議員只好扮「失憶」，絕口不再提「片段做假論」、「粗口配音

論」。怎樣幫林女士「辯護」其實也很叫人頭痛。筆者指的是正常有基本教養的人，「衣冠禽獸」則屬例外。有屬於「粗口教師工會」的頭領出言袒護，此君竟然說沒有任何約束現職教師的規條指明「教師不可以講粗口」！

樞機用了「憤怒」作為辯解理由，起碼比「粗口教師公會」的廢話強得太多了！

教師放了學之後，一言一行是否仍受教師的身份約束呢？

按筆者的粗淺理解，「出家人」一星期七天，一天二十四小時都只有「出家人」一個身份，睡覺時是出家人、吃飯時是出家人、上廁所時仍是出家人，可以說是「全年無休」。「教書先生」好一點，雖然放了學仍是老師，回到家、關了門仍可以暫時放下老師的身份。一般低下層受薪階級，則辦公時間以外就可以「做回自己」。政府的高官和許多特殊工種卻沒有休假，回到家、關了門仍然「隨時候命」（on call），如某些崗位的醫生、工程維修人員和公務人員等等。

廣府話粗口中的「X你老母」一語可大可小（讀者可參考本書附錄的拙作《香江粗口時談平議》），如果是怒罵陌生人，按照筆者在香港活了幾十年所知道的「江湖規矩、街頭文化」，受害人一方可以立即動武！筆者的理解不一定對，但是根據個人經驗，中國人社會從來都是這樣。

教皇無誤論

羅馬天主教是基督教（廣義的Christianity）中三大支派之一（其餘兩支是基督新教和東正教），也是歷史最悠久的一支。

天主教有所謂「教皇無誤論」（Papal Infallibility），這教條（dogma）界定教皇（香港慣常稱為教宗）在甚麼情況下不能出錯。簡而言之，就是代表教會宣告信仰和道德的訓令，都列入無誤的範圍。若涉及其他俗世事務，卻容許教宗有可能出錯。

樞機是天主教會內少數有權投票選舉教宗的成員，他們也同時有權被選為教宗，既有「選舉權」，也有「被選權」。如按中國古老用詞，樞機在天主教，算是「去天子一階」。當然，每一位天主教的司鐸，其實都是基督在俗世的代表。

筆者相信上海話與廣府話中的粗口問題，不可能是基督福音的一部分，與教會的道德訓令亦風馬牛不相及。陳日君樞教談論這一門「學問」，甚或教皇宗座親自談論漢語粗口，按「教皇無誤論」，都可以允許犯錯。

陳日君樞機判斷林女士「根本唔諗自己講緊乜嘢嘅，佢因為憤怒吖嘛，呢句粗口只係一種方式去發洩佢嘅憤怒」。筆者卻認為樞機「查案」本事恐怕不能高明得到那

裡了，這或許跟沒有全面掌握細節有關！筆者倒寧願相信神父修女太過不懂「粗口」！

樞機說：「如果一個人講（粗口）嘅時候，係諗緊個詞語係乜嘢呢，咁就好邪惡喇。」

樞機或許不知道林慧思女士極有可能是「調理農務蘭花系」的成員，或即使不是正式會員，至少是積極熱心的支持者。在此，「調理農務」是廣府話粗口「X你老母」的諧音，正正是林慧思女士當日在旺角街頭，惡意侮辱謾罵那位警官的實際措詞，只因為那位警官沒有聽從和按照林女士的指揮去處理現場社會秩序與公眾安寧。

至於「蘭花系」三字則更惡毒，筆者唯願陳日君樞機和寶血會的修女都沒有聽過這樣的廣府話粗口！那是詛咒受害婦女的陰部隱私部位因嚴重病變而潰爛化膿！

「蘭」字射「爛」。

「花」字射「化」，是「化膿」的省文。

「系」字射廣府話粗口五字之一，那個專門惡意形容女性外生殖器官的字，非常儈俗！

林女士能夠跟這樣的一個政治團體過從甚密，當她謾罵警官的時候，她能夠不知道「X你老母」四字的用意嗎？她能夠不知道「蘭花系」有多「邪惡」嗎？

林女士先罵「八公」、「八婆」；再罵「賤人」、「what the fxxk」；然後才是「X你老母」，她有可能不

理解「X你老母」的攻擊力有多大嗎？

筆者認為Papal Infallibility的教條，可能適用於陳日君樞機對林女士「X你老母」的判斷！

最令筆者感到匪夷所思的，卻是寶血會培靈學校的處理手法，校方聲稱林女士已經就事件向同學生家長致歉云云！問題卻是林慧思女士的所謂「道歉」實是「假道歉」，根本找錯了對象！即是英諺講的「bark up the wrong tree!」（狗吠錯了樹），相當於廣府話俗語的「叫錯老豆拜錯山」！

因為林女士沒有「X」過家長或學生的「老母」，她「X」了警官的「老母」，怎麼可以隨便找些不相干的人致歉？林女士的過失，不單單在於她的粗言穢語影響了培靈學校的聲譽，最重要是冒犯和傷害了警官的令堂呀！

上有好者，下必有更甚焉者！

林慧思女士向競競業業執勤的警官「怒罵」了「X你老母」，然後沒有幾多人發聲。

陳日君樞機「笑言」維護，還呼籲人去「鬧佢（梁振英）粗口」，同樣沒有幾多人發聲。

然後，下一個或下一批受害人將會是誰？

樞機不承認曾經主動鼓勵人講粗口，筆者看見的事實

卻是完全不一樣的景像！

樞機「只是」吩咐旁人用粗口鬧一個梁振英；結果，樞機的信徒不只「Ｘ」一個梁振英，還株連到梁振英的母親、妻子和女兒，起碼共三代梁家女眷都受到惡言侮辱！

這是縱向的發展延伸。

再者，不光是天主教香港教區的教友遵從樞機的「笑言」，現實是許多其他基督教教派的傳教士和教友都加入用粗口鬧梁振英及其家人的行列！

這是橫向的發展延伸。

到了「黃巾之亂」前後，其他不同背景的「黃巾賊」都加入「鬧粗口」的行列，他們不一定如同林慧思女士、陳日君樞機那樣信奉基督。受害人不限於梁振英及其家屬，以及許多警務人員及其家屬。還有其他大量反對「非法佔中」的香港市民及其家屬，再有是中國內地的同胞。

這是立體的發展延伸。

這樣的局面，有似孟子講的：「上有好者，下必有更甚焉者！」

又或者是東晉名相王導的名句：「我雖不殺伯仁，伯仁卻為我而死！」

如果樞機從來沒有「鼓勵」信眾講粗口，那麼是否可以考慮，稍稍批評一下林女士在旺角街頭大叫「Ｘ你老母」錯在那裡？

又是否可以勸一勸林女士，坦誠地向受害警官道個歉？

為林女士祈禱，預防教案重現

「黃巾之亂」破壞了香港社會的法治精神；參與「非法佔領」的「粗口基督徒」、「粗口教師」、「粗口民主派」，共是三粗，摧破香港社會的道德精神和倫理規範！

香港變成「粗口之都」，應該溯源到「癸巳歲林慧思陳日君粗口鬧事」！

那一回，是林慧思女士點的火；陳日君樞機煽的風。

筆者是個「儒生」，我們中國人的傳統思想最重孝道，俗諺有云：「萬惡淫為首，百行孝為先。」孟子說過：「幼吾幼以及人之幼，老吾老以及人之老。」意指人應該用愛護自己兒童的心去愛護人家的兒童，用尊敬自家父母的心去尊敬人家的父母。

「X」人「老母」有多嚴重？

筆者不敢說陳日君樞機與寶血會的修女不理解林慧思女士講的「X你老母」的全部含意。

筆者也不敢說樞機與修女平日很少接觸經常講廣府話粗口的香港人。

筆者只能說樞機與修女對林女士大講「X你老母」一

事的理解可能不夠全面。

林慧思女士「Ｘ」警官「老母」一事，還帶來更多「講粗口」以外的問題。

林女士是一位「粗口基督徒」，「粗口基督徒」在香港這個社會是否有特權？

一位基督徒，單單因為信奉了基督，就能夠成為「世界上一切問題的專家」嗎？

一個「粗口基督徒」，認為自己正在「行公義」，就可以公然破壞道德、踐踏法律嗎？

願全香港的基督徒，於「林慧思粗口鬧事」引以為戒。

即使是教皇宗座，尚且謙恭地接受「教皇無誤論」約束。林女士憑甚麼指導前線警務人員執法？又憑甚麼要求公職人員隨時報告執法、處事的法理依據？

筆者學中國歷史，知道中國晚清同治光緒年間教案頻生。個人理解其中一個主要原因是當時許多來自歐美的外籍傳教士不大了解中國人的道德和倫理，也不大尊重中國人的風俗和習慣，並且在教民與非教民的爭執中，可能過份偏袒了自己教會的教友。至於今天香港的華裔傳教士，包括祖籍上海的陳日君樞機，以及寶血會的一眾修女，假如你們對廣府話粗口的理解不全面，更應汲取歷史的教訓。

筆者認為林慧思女士應該知道「Ｘ你老母」有多嚴重，不單是難聽，這還是「強姦恐嚇」（threat of rape）。在人類歷史上，每每是大規模的戰爭罪行，當一個國家侵略另一個國家時，打與殺不足以摧毀人家的國族，集體強姦這種嚴重戰爭罪行，才可以撕裂戰敗一方的內部團結與和諧。如果林女士信奉天主教，筆者很難想像她一方面可以參加「調理農務蘭花系」的活動，另一方面還有臉唸《聖母經》！

在此，誠懇呼籲全香港的基督徒，不論宗派，都為林女士祈禱，幫助她放下屠刀、回頭是岸，真心向受害警官及其家屬道歉，也不應再參加「調理農務蘭花系」的政治活動了。

第十一章　港式「通識教育」

Chapter 102　Liberal Studies in Hong Kong Style

Chapter Summary

Starting from 2012, all Hong Kong high school leavers are required to take a new compulsory subject called Liberal Studies. Students must achieve certain grade in order to meet the minimum requirement for university entrance. Unlike Liberal Arts Education in US which is an undergraduate degree course last for four academic years, Liberal Studies in Hong Kong are designed to complete in the last three years of secondary education.

This Liberal Studies will become a great propaganda tool in favour of the Yellow Ribbon Rebellion. Mr. Joshua Wong, a prominent leader of the Umbrella Revolution has used what he learnt in this subject to judge the way of reasoning of Mrs Carrie Lam Cheng Yuet-ngor, Chief Secretary of Administration!

In this chapter, the author of this book will disclose how this subject is manipulated by those in power to brainwash our teenagers.

港產「通識教育科」淪為宣傳機器

香港立法會「功能組別」（Functional Constituency）之中，教育界的議員席位，一直是教協（香港教育專業人員協會，Hong Kong Professional Teachers' Union）的

囊中物。現屆的議員是葉建源（教協副會長，任期2012-2016），「教協」在整個「黃巾之亂」的鼓吹和推動，起了頗大的作用。

主要在於借「通識教育科」（Liberal Studies）向各中學硬銷「佔中發起人」戴耀廷君的「佔中」歪理，製成「通識教育教材」，在各中學傳播。因此，教協在「黃巾之亂」的醞釀期實是個重要的「政治宣傳機器」（Propaganda Tool）。葉君和戴君早年曾在香港大學學生會共事，都曾經加入民主黨，屬於所謂「泛民主派」，或者保守一點說，葉君是「泛民主派」而戴君至少是「泛民主派」的友好。

學民思潮召集人黃之鋒先生，是「雨傘革命」的重要領袖，光芒蓋過甚麼議員、學者。在中學文憑試未放榜之前，香港有不少大學教師預先張揚，聲言即使黃君成績未達升讀大學的最低標準，各大學仍然應該破格錄取云云。

後來，黃君中、英、數三科的成績都並不特出，只通識科考得不俗，也成功升讀大學。

在「黃巾之亂」以後，黃君曾公開批評政務司司長林鄭月娥女士的思維有問題。黃君是按照現時香港通識教育科的評核標準，抓住幾個考評局要求的重點，認為林鄭司長「不及格」。

筆者生在六十年代，七十年代末至八十年代初參加香

港的公開考試。我們那個年代公開試的競爭最激烈，每年會考只得一至兩個「九優狀元」。到了九十年代，真是「狀元滿街」！每年隨隨便便有十個八個「九優狀元」，甚至有人「十優」（視乎這些年考評局是否准許考生報考十科），若加上「八優生」，一年總有好幾十人。

香港的公開考試，在舊日競爭激烈，但是自九十年代起，因為大學學額狂飆，只能像我們廣府俗語所講「鋸低檯腳就檯幃」，大學新生的學業成績、學術水平都下降了，連帶影響畢業生的平均學識和能力。

考慣公開試的老香港都知道，不論會考還是高考，考題都是把現實人生面對的問題大幅簡化了。數學、物理、化學等「理科」還好，可以考核考生的「基本功」；今天的「通識科」就淪為「口水科」（口水，指信口開河、高談闊論而至口沫橫飛）。

黃君只不過在一次通識科考得好成績，就以為憑在通識科學到和鍛鍊成的「口水功」，足以解決香港社會面對的政治、經濟、民生等等問題。

這就是「香港式通識教育」的禍害！

這就是「通識教育」淪為「政治宣傳工具」的禍害！

黃君在本地和外國傳媒大力吹捧之下，很可能認為自己的「通識」已經「天下無敵」，在「黃巾之亂」前前後後的日子，黃君一而再、再而三以訓斥的口吻，苛責香港

政府各級官員，以至「泛民主派」的「盟友」，不管你是資深議員、大學教師，抑或高級傳教士，無一倖免。

筆者關注「通識教育科」有年，還「變相」參加考核，有很多話要跟學生和學生家長講。

港風「通識」假大空！

自二零零九年起，筆者在報上發表過一系列評論「通識教育科」的短文，因為篇幅所限，不易暢所欲言，下列各文，都放在本書附錄供讀者考：

〈通識科樣本試卷誤譯舉例〉	2009年12月16日《星島日報》
〈監察考評局的譯筆〉	2010年11月1日《文匯報》
〈考評局談「崇洋媚外」〉	2010年11月15日《文匯報》
〈「崇洋」與「媚外」〉	2010年11月22日《文匯報》
〈兩岸三地的大學入學試〉	2010年11月29日《文匯報》
〈「通識」通在哪裡？〉	2010年12月6日《文匯報》
〈通識批判、批判通識〉	2011年4月《百家文學雜誌》
〈考生的噩夢〉	2011年6月28日《星島日報》
〈老師講大話　同學怎麼辦？〉	2011年6月29日《星島日報》
〈「在甚麼程度上」〉	2011年6月30日《星島日報》
〈誰會受罰？〉	2011年7月14日《星島日報》

〈次等要求、次等教育〉	2011年7月15日《星島日報》
〈捆綁思維捆綁評級〉	2011年8月15日《星島日報》
〈學過甚麼邏輯？〉	2011年8月16日《星島日報》
〈通識必答題之「香港人口老化」〉	2012年5月16日《S-file通識大全》
〈通識必答題之「二手煙」〉	2012年5月23日《S-file通識大全》
〈通識必答題之「政治組織」〉	2012年5月30日《S-file通識大全》

此外，還有一篇比較長的文，題為《香港「通識」——幾多式？如何適？》，收錄在《香港教育大零落》（次文化堂，2012），因篇幅長而不錄，下面是該文的分題：

老派「通識」共「七藝」
美式LA分三重
「教雅教育」三缺一
主流GE嘆平庸
中學LS超英美
教學考核假大空

以上六個分題，用七言詩句的體裁。

此下，總結一下香港中學「通識教育科」的假大空，較詳細的討論可參考〈附錄〉。

（一）

美國的「通識教育」（Liberal Arts Education），是大學本科課程，英文名與香港嶺南大學提倡的「博雅教育」相同，讓中學畢業生以四年時間，加深在「自然科學與數學」、「人文學科」和「社會科學」三個知識領域的學習。當初香港嶺南大學建校，首任校長陳坤耀教授沒有使用美國的新叫法「Liberal Arts and Science Education」，結果導致嶺南大學開設理學院無期，令到該校的「博雅教育」發育不良、半身不遂。香港的「通識教育」也是抄「Liberal Arts Education」，但是「退化」（degenerate）為高中三年的一個科目，難免支離破碎！

（二）

人家的「通識」是四年制大學課程，分開很多科來讀，各自評核；香港的「通識」是一科「包羅萬有」，一張考卷「一次定生死」。毛病之一，是考卷閉門造車，考評局的擬題員，自己從來沒有被考核過，只因被考評局聘用，忽然成為「通識教育」的「權威」（比「專家」還霸道），對考卷該怎麼答，簡直是「一言堂」！

（三）

因為考生只有高中程度，如果學業成績追不上的話，

根本沒有能力運用簡單的數學工具（mathematic tools）協助分析討論。所以，考卷基本上不敢要求學生有初中至高中的算術水平，如果要求考生講解數據的增減變化，許多「文科生」可能要「暴動」！結果是考卷只能要求次等的分析討論！

（四）

因為由課程的教學，到公開試的考卷，都提供中文和英文兩個版本。有些考題顯然用中文擬，另一些則用了英文資料，於是經常涉及中英雙語的翻譯。可惜，根據筆者的研究，考評局提供的樣本試卷有很多明顯的誤譯！令到整個考試很不公平。

（五）

評價部分考題的水準之後，亦很明顯發現個別擬題員對於自己出題的知識範疇一知半解，甚至經常出現連基本資料也理解錯誤的荒謬鬧劇！

（六）

擬題員可以選用時事作為題目的內容，經常涉及擬題員對個別政治團體、壓力團體的評價，可以出現主觀的偏袒褒美，有可能隱藏「利益輸送」。再兼擬題員的身份，

受到考評局的保護，即使明顯有「利益輸送」的嫌疑，亦無從追查！結果是製造出一批隱形的「學術霸權」！

（七）

通識科考卷問的話題，經常是一些香港社會經歷多年仍未能妥善解決或處理的棘手難題，在考核時，要求一個中六學生在極短時間內、用極短的文字分析，然後只要剛好寫了擬題員喜歡的答案，就可以得高分，學術上並不公平！黃之鋒君其實也是這種假、大、空評核的受害人，他極有可能真心以為，憑他在高中三年通識教育科所學的教條、八股，就可以解決香港地區的所有問題！

（八）

通識科考試的要求，很明顯反映出擬題員箝制考生思想的情況！

考生被迫要依循擬題員的思路去作答，不得越雷池半步！「不聽話」必得低分！

筆者對此了解甚深，因為在二零一二年曾經「變相」參加考試，詳情見附錄。

小結與建議

港風通識教育科，課程設計千瘡百孔，考核則閉門造車，其假、大、空之弊，舉世所無。這個科目一方面浪費學生寶貴的學習時間，另一方面給予別有心用的人「上下其手」的便利。理應裁撤停辦！

我們回顧香港的教育史，新的學科總會幫助某些人升官發財，差不多每一次出現錯誤的課程改革，都要等到相關的「既得利益者」飽食揚颺、退休之後，才有可能撥亂反正。

現在即時可行的監察辦法，筆者可以想到一個，就是以後每次考試，都要公佈每一條題目的擬題員姓甚名誰，並在考試完結之後，公佈評分標準，讓學界、家長和學生可以有發言權，然後按照各方意見，修正原先的評分標準，以防有人假公濟私，濫用教育公器！

總而言之，現時考評局負責「通識教育科」評核的人員，是以徹底的「黑箱作業」運作，可說是比「學民思潮」還要「黑箱」。既然一時三刻、三年五載之內很難廢除這誤人子弟的通識科，我們守法良民能夠爭取的，恐怕只剩下真真正正的「學術自由」，即是考評局官僚的「學術」決定，要受社會大眾的監察，要向香港市民「問責」（hold the examiners accountable）。

第十一章　港式民意測驗

Chapter 11　Opinion Polls in Hong Kong Style

Chapter Summary

Opinion polls run by universities here in Hong Kong had long been far below minimum academic standards. The author of this book will present two typical cases. One has not even employed Likert's 5-points scale, which the author of this book speculates that most average US undergrads knows it. The other pollster has been active in local political arena is incompetent in translation in the first place that makes some of his polls absolutely meaningless.

「民意調查」在香港

現時香港各大傳媒經常報導的眾多「民意調查」，其實十之八九在學術上都不合格。個別政團為了證明他們的某些主張得到「民意」支持，經常會自行辦「民意調查」，或者委託（其實是付錢購買勞務）「民意調查機構」代辦。

在過去很多年，香港社會常出現一項爭拗，就是大學應否幹「民意調查」的活。

這裡仍是涉及翻譯！

最籠統的是「調查研究」（Survey Research）。「Survey」又可以解作「測量」，在此指收集資料和數

據。「測量」土地涉及量度地段範圍、地段面積等等，在其他學術領域的「Survey」近似如此這般。「Research」則是「再搜查」（re-search）。任何一家大學的學術部門都當然可以做「調查研究」（Survey Research），調查研究的對象可以是不會說話的死物，例如一幅地皮，沒有生命，任人量度，卻不能向研究人員表達任何意見。

涉及人的意見，則有「意見調查」（Opinion Survey），比如說「消費者意見調查」（Consumer Survey）之類，其實不大要求學術上的謹嚴。最粗糙的可以是小企業在超級市場擺個小攤位推介新產品，讓顧客免費試食，看看「街坊」的口味和反應。這種調查只求讓企業加深對市場的了解，通常不會太過「學術求真」，一般只求很快、很省錢地得到廣大消費者意見的一鱗半爪，那就夠了。

涉及政治問題，如對當前政府的整體支持度（例如要梁振英立即辭職、或支持梁振英做滿任期），或者個別重大政策的態度（例如贊成或反對立法會議員加薪），則算是「民意測驗」（Opinion Poll）。「民意測驗」的準確度（accuracy）和代表性（representativeness）這兩項特徵的要求都很高。吃「Opinion Poll」這行飯的人，還有個特別的叫法，叫作「pollster」。

按照「美國製標準」（不是黃巾賊講的「國際標準」），大學只做「調查研究」和「民意調查」，「民意

測驗」就由私人機構負責。美國最權威的「民意測驗機構」叫「蓋洛普」（Gallup，網站：http://www.gallup.com/），「蓋洛普民意測驗」（Gallup Polls）舉世聞名。

　　現時香港各大學辦的「民意調查」，可以說普遍水準差劣。此外，還有一大毛病，是研究人員經常借題發揮，兼任「時事評論員」，在毫無根據的情況下，解釋民意的背後原因。簡而言之，就是沒有問受訪者為何支持或反對，而將個人意見強加諸受訪者的身上。這種所為，我們香港人通常稱為「強姦民意」。

　　港式「民意調查」是甚麼水平，下例可見一斑。

某大學的「民調」水平

　　二零一二年，筆者以「香港市民」的名義，發了一封電郵給香港某大學某研究中心某次民意調查的負責人。為確保對方不得不回應，這封電郵的副本還給了他的校長、社會科學院院長、行政長官梁振英、立法會全體議員、報業公會和記者協會。以下是筆者電郵：

ＸＸＸ博士鈞鑑：

　　本人閱讀ＸＸ大學ＸＸ研究所四月二日發表的《電話民調結果》後，感到非常震驚。認為此研究竄改和隱瞞調

查所得的原始數據，這在學術研究屬於嚴重失誤。因此致函閣下，要求貴所向公眾解釋研究人員選用的報告方法有甚麼學理支持。

貴所公告指出：「約四成市民支持梁振英當行政長官，反對的有兩成七」云云。可是問卷的實際問法是：「梁振英先生已經當選為新一屆行政長官，你有幾支持佢做特首呢？係唔支持、普通，定係支持呢？」而有三成受訪者回答「普通」。按一般香港人日常使用廣府話母語的習慣，請問閣下這裡的「普通」是否應該被理解為「普通支持」？「普通支持」又是否「支持」的一種？在這個問題句裡面，「支持」是動詞，「普通」是形容詞，中學生都應該分得清。如果貴所認為「普通」不是「普通支持」的省文、不算是「支持」，那麼研究人員是不是在問受訪者：「你係『普通』梁振英做特首？」

再者，按照意見調查的基本行規，最常用「李克特量表」（Likert scale）。如用在問是否「支持」，應有「強烈支持」、「支持」、「中性」、「不支持」和「強烈不支持」五個「答案點」供選擇。到了數據分析的時候，再將「強烈支持」和「支持」的疊加，「強烈不支持」和「不支持」亦疊加，得出最後「支持」和「不支持」的數據。如果不用「五點標尺」，就應該只給「支持」、「中性」和「不支持」三個答案。

　　而且，按照中英文的修辭學，「不支持」並非絕對等同「反對」，正如「不反對」並非絕對等同「支持」。所以，研究人員應該老老實實的依據問卷實際使用的措詞，仍然用「支持」和「不支持」。

　　為此，本人鄭重向ＸＸ研究所、社會科學院及大學校長提出兩個問題：

　　（一）請問貴校社會科學院向本科生講授「研究調查方法」之類的課程時，是否會講解「李克特量表」的用法？

　　（二）請問大學當局，是否認為ＸＸ研究所這個研究報告的學術水平，已達至大學校方的基本要求？

　　貴所、社會科學院和Ｘ大領導層的答案，將會成為本人評估貴校畢業生平均學術水平和語文能力的重要依據。

　　言論自由、學術自由，向來是香港社會珍視的核心價值。但是這些自由都有一個相同的基本條件，就是需要向社會負責、需要面對任何理性的批評。如果大學的教職員無視公眾的質疑，學術自由就容易演變成學術霸權，而社會公器亦會被錯用、濫用。

　　　　祝

　　　　　研安

　　　　　　　　　　　　　　　香港市民潘國森謹啟

　　　　　　　　　　　　　　　　四月二十七日

　　結果，當然只有這位研究負責人回覆：

潘國森先生鈞鑒：

感謝閣下對本研究所電話民調之關注，並撥冗來函指正。

查本所四月二日公布之「電話民調結果」，並無「竄改和隱瞞調查所得的原始數據」之處，因公布中除扼要描述調查結果，亦附上問卷問題的完整問法及數據，讓大眾傳媒及社會大眾一目了然及隨時查閱。這種做法，與本所一直秉持的客觀、持平、踏實治學原則並無二致。

另，問卷設計之初，研究團隊實已考慮閣下提及的若干利弊。但因電話調查必須顧及受眾乃普羅市民，提問時以力求簡單、易明、及通俗的廣東話為本，並參考本研究所過去多年的電話調查經驗，所以採取了「支持」、「普通」、「不支持」三個選項，雖非如閣下所提的「支持」、「中性」、「不支持」三個選項，但兩種提問的方法，在學術界同樣普遍，得出的調查結果差別不大，並同樣可能產生閣下擔心的相關問題。

治學處事，講求科學嚴謹與理性。閣下提出的批評，本人當時加自省、日後更當小心謹慎、力求至善。

敬祝

大安

ＸＸＸ謹啟

收到這封電郵回覆，筆者深感啼笑皆非，如果將三成受訪者答的「普通」理解為「普通支持」，則梁振英的支持度就有七成了！

博士大老爺沒有回答我的題問，訪問員是不是在問：「你係『普通』梁振英做特首？」

是非黑白，都交由讀者評說。

「鍾庭耀民調」的語文水平

鍾庭耀博士在擾亂香港人生活兩個多月的「黃巾之亂」扮演了一個有頗多戲份的角式，下文是用作證明鍾君辦的民調水平不合格的佐證：

（引文開始）

未辨中國香港人

英倫語士

（原載《百家文學雜誌》二零一二年二月號，因應編輯部要求，用筆名發表）

（一）研究員的語文能力

「香港大學民意研究計劃」（HKU Public Opinion Programme），簡稱「POP」，由該大學的社會科學院管

轄，以定期舉辦民意調查為業，二零一二年初又生風波。

香港大學這個單位進行多個系列的民意調查，其中一大範疇是「國家民族」（National issue）。當中有「市民身份認同」（People's ethnic identity）研究，訪問香港本地人，要求受訪者回答當自己是「中國人」還是「香港人」，惹來猛烈批評。

英倫本語士到其網站「調查」，發現相關研究項目負責人的中英雙語表達能力，似未達到大學級別學術研究的應有水平。本文只介紹該研究的語病和中英雙語翻譯的失誤，其他論者的意見就不再重覆。

香港的大學一般以英文為第一教研語言，中文常居次要地位。引發激烈辯論的調查問題有中英兩版：

中文版問：「你會稱自己為……」然後訪問員主動給四個選擇：「香港人」、「中國人」、「香港的中國人」和「中國的香港人」。受訪者還可以自選其他答案。

英文版問：「You would identify yourself as a .. 」，四個選擇是：「Hong Kong Citizen」、「Chinese Citizen」、「Hong Kong Chinese Citizen」和「Chinese Hong Kong Citizen」。

香港年輕市民大多受過九年免費教育，一般都粗通中

英雙語。為清眉目，列表如下：

POP 中文問卷的答案	英倫語士建議的 中卷英譯	POP 英文問卷的答案	英論語士建議的 英卷中譯
香港人	Hong Kong People/ Hongkonger	Hong Kong Citizen	香港市民
中國人	Chinese People/ Chinese	Chinese Citizen	中國公民
香港的中國人	Chinese people in Hong Kong	Hong Kong Chinese Citizen	身在香港的中國公民
中國的香港人	Hong Kong people in China	Chinese Hong Kong Citizen	中國裔的香港市民 華裔香港市民

從上表可知，POP的中英文問卷實是天南地北、牛頭不對馬嘴！

（二）「人」對「citizen」

先談「citizen」。

這詞可解作「居民」、「市民」和「公民」等，側重政治權利。例如「US citizen」是「美國公民」；「New York citizen」、「London citizen」則分別是是紐約和倫敦的市民。一個「美國公民」可以長期不在美國本土和屬土走動。

再談「人」。

「中國人」的「人」，因「中國」這個詞的整體概念複雜而繁富，有多重意義。可以涉及民族（漢滿蒙回藏

等，或可包括拿了別國護照的海外華人，「外蒙古」的國民又未必算）；可以涉及國籍（只限中華人民共和國國籍，臺灣地區拿中華民國護照的公民不一定願意自認「中國人」）；也可以涉及文化（海峽兩岸現政權未建立前、歷代的中國人）。

「香港」是在政治上是個地方政府（回歸前是英國殖民地）。，因此「香港人」的「人」，不含國籍意義，只有地域意義。香港又是一個國際城市，於是還有些拿別國護照、卻以香港為家的非華裔的「香港人」（包括黑人、白人等不同族裔）。

（三）虛構「種族」差異

「香港的中國人」這個複合詞之所以出現，實是源於一些香港人不滿「中華人民共和國」政府，但是這個人群卻又認同廣義的「中國」文化，而且自認在種族上、血緣上跟中國歷史上的中國人一脈相承。因此強調這「中國人」身居香港，以示跟「大陸的中國人」區分；較傾向認同「香港文化」，既有地域觀念，亦可能再帶點「舊中國文化」，卻抗拒「新中國」、「共產中國」的文化。這跟「臺灣的中國人」、「南洋的中國人」之類的說法有相似之處。

　　「中國的香港人」則是POP研究人員杜撰。「香港的中國人」的說法和觀念實際存在，既將「中國人」與「香港人」對應，便似理所當然的弄出個「中國的香港人」來。從字面解只能說指「現時住在中國的原香港市民」，香港公司派駐中國大陸的員工即是此類。若再橫向比較，「美國的香港人」則極可能是「從香港移民到美國的人」。

　　這「中國的香港人」不切合研究目的，其英文版「Chinese Hong Kong Citizen」亦不倫不類，只能解作「華裔香港市民」，以別於「英裔香港市民」、「印巴裔香港市民」。

　　再提高一個層次談談。

　　這個引起爭論的民意調查，壓根兒在研究題目已經大錯。

　　中文版是「市民身份認同」，英文版竟然是「People's ethnic identity」！

　　中學生都該知道「ethnic」是「種族的」、「人種的」。「中國」可以跟「ethnic」有關，「香港」卻無關「ethnic」，只可以跟「籍貫」（英文的叫法可以有family register或native place之類）聯繫。

（四）總結：大學應自行把關

言論自由、學術自由，本是香港人珍而重之的社會風俗習慣，而大學轄下的任何學術研究，原該由大學自行做好「品管」。如果研究的搜證程序馬虎、文字表述凌亂，則怕會浪費社會資源，兼且誤導傳媒和公眾。這個調查的問題既嚴重出錯，過去的數據都沒有太大的參考價值。

市民（citizen）多嘴加點意見，當事人幸勿以「干預學術自由」為詞，堅持繼續一錯再錯。

（引文完結）

一個「利害相關者」的感覺

鍾君主理的「香港大學民意研究計劃」（HKU Public Opinion Programme），真令人有點「名不正、言不順」的感覺！

筆者畢業於香港大學，是個「利害相關者」（stakeholder，現時香港多俗譯為「持份者」），就從這個身份談談。

「計劃」似「遊客」，「學術部門」（academic department/unit）才是「公民」呀！再說得通俗一點，鍾君的「玩具」，似是大型百貨公司（department）內一個

讓外商承租的「櫃位」（counter）。大學很難監管其學術質素，但是普羅大眾一聽到「港大」兩字，十之八九都會誤以為這個「計劃」等同於一個學系（Department）或研究中心（Research Centre）的地位。可是，這「計劃」其實是一個商業機構。

筆者認為香港大學當局是把大學的名器太過賤賣了！

第三篇　為了十個義人

Part 3　For Ten Righteous' Sake

[20] And the LORD said, Because the cry of Sodom and Gomorrah is great, and because their sin is very grievous;

…

[23] And Abraham drew near, and said, Wilt thou also destroy the righteous with the wicked?

[24] Peradventure there be fifty righteous within the city: wilt thou also destroy and not spare the place for the fifty righteous that are therein?

[25] That be far from thee to do after this manner, to slay the righteous with the wicked: and that the righteous should be as the wicked, that be far from thee: Shall not the Judge of all the earth do right?

…

[32] And he said, Oh let not the Lord be angry, and I will speak yet but this once: Peradventure ten shall be found there. And he said, I will not destroy it for ten's sake.

[33] And the LORD went his way, as soon as he had left communing with Abraham: and Abraham returned unto his place.

Genesis 18:20, 23-25, 32-33, KJV Bible

20耶和華說、所多瑪和蛾摩拉的罪惡甚重、聲聞於我。

……

23亞伯拉罕近前來說、無論善惡、你都要剿滅麼。

24假若那城裏有五十個義人、你還剿滅那地方麼。不為城

裏這五十個義人饒恕其中的人麼。

25將義人與惡人同殺、將義人與惡人一樣看待、這斷不是你所行的。審判全地的主、豈不行公義麼。

……

32亞伯拉罕說、求主不要動怒、我再說這一次、假若在那裏見有十個呢‧他說、為這十個的緣故、我也不毀滅那城。

33耶和華與亞伯拉罕說完了話就走了‧亞伯拉罕也回到自己的地方去了。

《創世紀》第十八章，

二十、二十三至二十五、三十二至三十三節

《中文和合本聖經》

第十二章　斯文掃地

Chapter 12　When Academics and Journalists
Corrupt

Chapter Summary

Lord Denning, the most authoritative and influential judge of
the English common law jurisdiction in the 20th century, and also
a Christian, once said, "Without religion there is no morality,
and without morality there is no law." During the course of the
Yellow Ribbon Rebellion, political, academic, religious, legal and
media crooks of the Anti-People Faction repeatedly use filthy
and offensive languages to attack and insult anyone who disobey
their orders. Will these Yellow Ribbon Bandit Chieftons destroy
Hong Kong's rule of law tradition through undermining our moral
standard?

一次又一次沉默

當小學教員林慧思女士在旺角街頭辱罵當值警官：
「Ｘ你老母！」⋯⋯

你們沉默，沒有發聲。

當陳日君樞機在電話中笑言：「鬧佢（梁振英）粗
口！」⋯⋯

你們沉默，沒有發聲。

下一個被罵粗口的，會是誰？

……

當「佔中」支持者、參與者恐嚇要傷害警員的家人……

你們沉默，沒有發聲。

當「佔中」支持者、參與者恐嚇要將林超榮先生、屈穎妍小姐伉儷及他們三位千金一家五口「滅門」……

你們沉默，沒有發聲。

下一個被恐嚇的，又會是誰？

……

大學生粗口辱警……

你們大學校長沉默，沒有發聲。

下一個被大學生罵「X你老母」的大學校長、校董，又會是誰？

「惡舌」逐步升級

筆者對眼前的香港、二零一五年黃巾之亂之後不足半年的香港，越來越感到陌生。

香港會走向「罪惡之城」所多瑪（Sodom）的末路嗎？

香港還剩下幾多個「義人」？

筆者是個普通的「儒生」，中國的儒生當然或多或少受到儒、釋、道三家思想的影響。「黃巾之亂」以來，香港人的整體口德大幅下滑。佛家認為「惡舌」是「不斷謾罵、無根由的詛咒」。

按照林慧思女士、陳日君樞機的說法，他們因為被個別公職人員「激嬲」（惹怒了）而以講粗口罵那些公職人員、或者叫其他人用粗口罵那些公職人員，都應該原諒，都可以不用道歉。筆者在香港活了幾十年，覺得這個「道理」很難理解，判斷誰惹怒了誰，通常會很主觀。

樞機判斷林女士對警官狂罵「X你老母」時，其實沒有想及這件「邪惡」的事。果如是，香港「粗口民主派」這就算是「無根由的詛咒」了。

當自以為正在「行公義、爭民主」的年青人覺得被異見人士惹怒了而罵粗口，被罵粗口的異見人士也有情緒，極有可能為了被罵粗口而憤怒，若然粗口互罵、一報還一報，會是甚麼的結果？

會不會有更多「初則口角、繼而動武」的情況出現？

點解講粗口（為甚麼說髒話）？

罵太監斯文掃地

　　「黃巾之亂」過後某日，一個名字進入眼簾，便想起此君幾年前回覆筆者的電郵，到電郵賬戶一查，再讀這段「官樣文章」：

（引文開始）

潘先生：

　　謝謝來稿，惜近日稿擠，恐未能安排刊出，請見諒。

ＸＸＸ　謹啟

Ｘ報觀點版編輯

2009年7月14日

（引文結束）

　　「稿擠」，是報界術語，意思是：「我們報上的版面寶貴，投稿的多，僧多粥少，我們只能挑選最好的刊登，閣下的文被其他人『擠出局』了。」這是委婉語，總好過說，你的文稿水準低、不夠在上我們版面；又或者，你的文稿不壞，但比你好的多的是，等等。

　　筆者的稿如下：

（引文開始）

「宦官論」缺少實證

潘國森

　　越來越多評論認為香港出現「宦官政治」，稱特區政府官員為「公公」已成一時風尚。一位大學教授在報上指名道姓謾罵五名問責官員，寫道：「這五人是否宦官，在生理上是較難下定論，但在行為表現上，還是較接近事實。」如此定論實屬傖俗的「惡搞」，可作為通識教育的反面教材。大學教授言之鑿鑿，還得拿點實證出來，假若偷懶蒙混，未免稍欠學者應有的治學態度。

　　宦官負責照料皇家日常起居作息，東漢以後才專用被閹割了外生殖器的男人。宦官與皇帝後宮多有接觸，清一色沒有性能力，皇帝便無「戴綠帽」之憂。謾罵港官為「宦官」的潛台詞是侮辱對方失去性能力，屬於市井無賴的作風。「生理上」算不算等同「宦官」，有客觀的醫學準則和普通常識可證，論政而談及「房中事」未免有失斯文，如此明顯的惡意中傷，態度甚儇薄、意識很下流。港官有甚麼重大失誤，大可以擺事實逐一嚴厲批評，不宜只求發洩個人情緒。

　　中國歷史上以東漢、唐、明三代宦官干政最為嚴重。

東漢諸帝多壽元不高，常有幼兒繼位、太后臨朝。年輕寡婦見識淺薄，又不便經常召見外朝大臣，於是不得不重用娘家父兄。不少太后都無所出而要納先帝的庶子，甚或挑選皇族旁支入繼大統。新帝與「國丈」、「國舅」實無血親，長大後要奪權只可以借助宦官。漢和帝時的鄭眾是第一個得勢的宦官，他在收捕外戚竇憲一役立了大功得以專權，後來宦官集團甚至有廢立皇帝的實力。唐代安史之亂時，宦官李輔國擁立唐肅宗取代唐玄宗，揭開宦官執掌軍權的序幕。後來唐德宗信不過外朝武將，連中央軍權也交付宦官以對付藩鎮，唐代宦官廢立皇帝便比東漢更多。明代宦官干政以英宗時代王振掌權開始，明代皇帝日常公務繁忙，中葉以後，許多懶惰的皇帝甚至將份內事都交給宦官代辦，個別宦官簡直代行皇帝的職務。

香港只屬地方政府，「政治生態」與前述三朝不一樣。五位港官在「行為表現上」沒有近似協助皇帝打擊外戚和地方軍人的紀錄，亦不負責打點「皇家」內務、或為「皇帝」批閱奏章，更沒有收外朝大臣為養子的荒唐行徑，又怎樣似宦官？傳媒的主事人是否可以把一把關，提高品味？這不是政治審查，只是實事求是。

（引文結束）

筆者這回投稿Ｘ報，事緣有另一份Ｙ報登了香港某大學一位電腦系副教授的文章，指名道姓辱罵五位香港政府高官為「宦官」，他們是：唐英年（時任政務司司長）、林瑞麟（時任政制及內地事務局局長）、周一嶽（時任食物及衛生局局長）、李少光（時任保安局局長）、馬時亨（前商務及經濟發展局局長）。

Ｘ報和Ｙ報都有撥出篇幅作為「公開論壇版」之用，只是名稱可能不同，筆者曾在這兩份報張的類似版面發表過文章。報社負責人會將這類園地的文章分為兩類，約稿的會付稿費。投稿的，如認為夠水準的亦付稿費，視為「讀者回應」就不付稿費。

Ｙ報既然能用電腦系副教授這樣傖俗的稿，據筆者的判斷，投稿亦浪費時間，所以投給Ｘ報。當然，Ｘ報沒有義務去登筆者這篇稿，理由多得很，如不同意筆者的觀點、認為筆者的文寫得太爛，又或者電腦系副教授侮辱官員無非是一樁小事，不值得該報浪費珍貴的篇幅等等。

中國傳統小說戲曲裡，皇帝宮中的宦官到外面行走，為皇帝傳話或辦事，官民都會敬稱他們為「公公」。電腦系副教授其實只是拾人牙慧，始作俑者，是幾個粗鄙無禮的立法會議員。

無道德即無法律

起初，「泛民主派」的立法會議員借明代的「廠衛」來形容特區政府主導的某些「非正式接觸」（informal contacts）。明代有錦衣衛的制度，明成組時設立東廠（全名是東緝事廠），明憲宗時設立西廠（西緝事廠），明武宗時又設立內廠（內行廠、內辦事廠）等等。雖然「泛民主派」的議員較多不學無術，但是中國歷史上一些名詞術語還是會抄的。

廠，再加上錦衣衛，用現代人的眼見去看，就是明代的特務組織。「泛民主派」批評香港政府有些「動作」等同特務行為；然後意猶未盡，直接用「公公」兩字侮辱官員，因為明代這幾個「廠」都由宦官擔負責管理。

有一回，一位言語下流、行為傖俗的「泛民議員」一而再、再而三的在議會內「稱呼」某高官為「公公」，意氣風發。豈料，這位官員不是「省油燈」，笑說沒有這麼大的「外孫」！「公公」一詞，在中國各地有不同用法，我們廣府話可以給外孫敬稱外祖父之用。這位下流議員竟然有臉面惱羞成怒，情緒激動，認為官員侮辱了他的外婆（外祖母），還要求道歉！

這真是「只准『泛民』放火，不許『官員』點燈」了！

　　如此質素的議員，實是無賴潑皮，如此醜行，筆者雖然不同意，但是亦能理解，皆因「狗口長不出象更牙」也。

　　大學教員的基本禮貌和口德，應該比傖俗下流的議員高些。雖然此君任教電腦科，但是仍然「為人師表」，平時他是怎樣對學生和晚輩施以身教？

　　二零一五年「黃巾之亂」過後，「反民邪教」恐嚇要殺害異己全家，要一家五口滅門。

　　你曾否動容？有沒有發聲？

　　二零一四年「黃巾之亂」期間，暴民恐嚇要傷害警員的家屬。

　　你曾否動容？有沒有發聲？

　　往上推，是二零一三年，「粗口民主派」、「粗口基督徒」辱罵公職人員。

　　你曾否動容？有沒有發聲？

　　再往上推，二零零九年及以前，「泛民」（「黃巾之亂」後可正名為「反民」）議員直接或間接辱罵公職人員為「被割了睪丸的太監」。

　　你曾否動容？有沒有發聲？

　　筆者一直「意圖及企圖」（intent and attempt）發聲。

　　報章負責人和大學教員，都是讀書人，今天香港有一

個更動聽的稱呼，叫作「知識份子」（intellectual）。由
侮辱異己為太監，再用粗口侮辱異己，再恐嚇要傷害異己
的家屬，步步升級、層層墮落，真可謂「斯文掃地」！

　　「反民邪教」不停講「國際標準」，那麼以「英國製
標準」或「美國製標準」，議員、教師、記者可以侮辱不
喜歡的人為「太監」（eunuch）而不用道歉下臺？

　　已故英國著名法官丹寧勳爵（Lord Denning, 1899-
1999，後為丹寧男爵，Baron Denning），是近代英國普通
法的權威，他是基督徒，留下名言：

"Without religion there is no morality, and without morality
there is no law."

　　譯成中文，是「無宗教即無道德，無道德即無法
律。」

　　「黃巾之亂」前後，我們見到「泛民邪教」和「粗口
基督徒」破壞香港社會的道德，如果我們守法良法不敢發
聲，怕會出現丹寧法官所講的「無道德即無法律」！

　　法治受摧殘，香港還能夠苟延殘喘得幾時？

第十三章　法官守尾門？！

Chapter 13　Is the Judge a Second Goalkeeper to the Yellow Ribbons?!

Chapter Summary

In the aftermath of the Yellow Ribbon Rebellion, or so called Umbrella Revolution, violent demonstrators are sent to court one by one. They are usually being prosecuted with charges such as "assault on police officer" or "defacement of public property". To the astonishment of the public, Hong Kong citizens begin to learn that it is difficult to get them convicted, and furthermore sentence always does not match the verdict!

It is therefore widely believed that some of the judges are discriminating in favour of the participants of Occupation Movement! Some even refers related judge as a referee of football match who is simply the 12th player of the Yellow Ribbon Team and a second goalkeeper!

The author of this book has warned these outraged citizens on Facebook that they might have committed an offense of contempt of court, so that they must mind their languages.

However, Lord Denning had quoted Jeremy Bentham to support his viewpoint that even judges need public scrutiny:

"In the darkness of secrecy all sorts of things can go wrong. If things are really done in public you can see that the judge does behave himself, the newspapers can comment on it if he misbehaves - it keeps everyone in order. "

假波、黑哨、第十二球員

足球應該算是當今世上最受歡迎的體育活動，觀眾最多，跨越地域國界。足球是比較貼近人生的隊際球類競技，近年競爭越趨激烈，強隊與弱隊的分野日漸拉近，更印證了足球圈常講那句「波球是圓的」，意指弱隊也有機會可以擊敗強隊，甚麼賽果都有可能出現而不能預見。

凡有後果難料的事情，就有可能產生賭博。當「賭波」合法化、多元化之後，牽涉賭博的龐大金錢利益，便有更多「打假波」出現。

常見有收買球員。強隊「放軟手腳」，讓弱隊「爆冷」得勝。最常見是守門員很高明地犯上極初級的錯誤，讓對方得到原本無望的入球；還有防守球員「送大禮」，令己方在沒有危險的情況下失球；再有攻擊球員浪費差不多必入球的「黃金機會」。

再有收買球證。球迷稱之為「黑哨」，因為球證以哨子發號施令而得名。以前球證穿黑色制服，又稱「黑衣判官」，後來色彩繽紛，因應對賽雙方球衣的顏色，挑選不易「撞色」的制服。

球證可以怎樣幫助甲隊對付乙隊？

很簡單，對甲隊從寬而對乙隊從嚴。

凡是可罰可不罰的，甲隊球員犯規則放生，乙隊球員

犯規則必罰。

　　球迷即使有參加賭波，對此亦無能為力。遇上認為有「黑哨」之嫌，只可以戲稱這甲隊「踢多一個人」，即是球證等於甲隊的第十二個球員！

　　足球，跟本書的討論怎麼能夠扯上關係？

　　有人認為「黃巾」足球隊有第十二個球員！

　　是為「法官守尾門」！

由「白票守尾門」到「法官守尾門」

　　「黃巾之亂」源於二零一七年行政長官選舉辦法的爭拗。

　　有人為了向「泛民」（筆者稱為「反民邪教」）示好，挖空心思想了一招叫「白票守尾門」，作為談判讓步的條件。這一招，顯然違反「國際標準」！

　　「白票守尾門」，是為了「反民」爭取不到甚麼「公民提名」，而給他們一點補償。具體辦法，是讓選民除了選其中一位候選人為行政長官之外，還可以人人都不選，故稱為「白票」。

　　這個不符合「國際標準」的蠢制度，不是積極、正面地選一個比較好的候選人，而是處處企圖掠奪「否決權」，企圖減低「反民」終日講的「認受性」。「犯民邪

教」一方面無法推舉一位有民望，得到整個「反對派」（或「泛民」、或「反民」，稱呼縱有不同，其實仍是一物）支持擁護的候選人；一方面卻要留一個為反對而反對的「尾巴」。美國選民選總統，其實只能在民主、共和兩黨之間二選一，沒有「白票守尾門」，誰都不投的「白票」，其實就是「廢票」。「廢票」絕不會算進投票結果。

「白票守尾門」旨在破壞制度，搗亂日常運作。今天各級「黃巾賊」都在做這事！

例如，報紙的老闆無權任免高層，派誰去做「老總」要先問過員工！然後，大學的管理層（校董會）亦無權任免校長，要問過職員工會和學生會！

互聯網上反對「佔中（鐘）」的輿論，近日借用「白票守尾門」的說法，創造了「法官守尾門」！

事緣「黃巾之亂」過後，騷亂（或暴動、或革命）期間涉嫌破壞公物、襲擊警察的「示威者」陸續提堂。出乎市民意料之外，大量被告都因「證據不足」而被對無罪！間中有罪成的，亦較多獲「從輕發落」。

最令筆者咄咄稱奇的，竟然有一位裁判官簡直「撈過界」，連那些應該出自辯方律師之口的話，都「搶」了來做自己的「對白」！裁判官主動說被告可能因為情緒激動而動作，但按被告傷勢比警員而判襲警罪不成立。

以被人「激嬲」、「惹怒」而情緒激動為藉口，再有激烈行為，都屬「可原諒」，那很有陳日君樞機為林慧思女士辯解的風範！

一而再、再而三有在「佔中（鐘、旺）」期間被警方拘捕、告上法庭的示威者無罪獲釋、或定罪後輕判，令到許多守法良民有怨無路訴，便在「臉書」上責罵主審法官或裁判官。筆者粗知香港法律，不能引述網友的措詞，否則有可能被視為同犯「誹謗罪」或「藐視法庭罪」。只能在「臉書」上勸告「反佔中（鐘、旺）」的網友，小心慎言，以免惹禍。

近年，香港社會流行「人肉搜查」，就是把一些不算公眾人物的市民的個人資料公開，近照、職業、地址、電話、車牌、家庭成員等等都公開。這個當然有可能構成「侵犯私隱權」的罪名，於是有網民搜集疑似「法官守尾門」的資料，包括法官的玉照、判詞和案件基本內容，如告甚麼罪，或是否有嚴重輕判等等。

丹寧男爵說可以批評判官！

才兩個多月的「黃巾之亂」，就嚴重破壞了香港的道德，並扭曲了香港的法治。善後工作非常艱巨和棘手。

「訟棍黃巾賊」愚民以久，這一回當然跳出來指稱良

民「藐視法庭」，因為良民批評了法官輕判襲警、破壞公物的「和平佔中示威者」。

英國普通法近百年的權威人物怎樣講？

上一章提及的丹寧勳爵（Lord Denning）曾引用英國哲學家邊沁（Jeremy Bentham, 1748-1832）的名言：

"In the darkness of secrecy all sorts of things can go wrong. If things are really done in public you can see that the judge does behave himself, the newspapers can comment on it if he misbehaves - it keeps everyone in order. "

試譯成中文：「在保密摧生的黑暗之下，任何事情都可能出錯。但如果過程真正公開，你就會見到法官自重。遇上法官作弊，應該容許傳媒批評，這樣才可以令所有人守規矩。

換言之，丹寧勳爵認為傳媒有批評法官的自由！

第十四章　反民邪教黃巾賊

Chapter 14　Yellow Ribbon Bandits of Anti-People Cult

Chapter Summary

It is just a poem in Cantonese dialect to express resentment of the author of this book because of the Yellow Ribbon Bandits of Anti-People Cult.

〈反民邪教黃巾賊〉轆轤體七絕四首

潘國森

（一）

反民邪教黃巾賊，　　棍騙兒童真賤格。

裹脅良民敢不從？　　和平意見全封殺。

（二）

播毒造謠顛黑白，　　反民邪教黃巾賊。

頑囂暴戾欠包容，　　異類聲音遭恐嚇。

（三）

佔路荒唐假自由，　　倫常乖逆港人愁。

反民邪教黃巾賊，　　作惡終須貫索囚。

（四）

下流無恥心胸窄，　　兩舌猖狂還枉法。

亂我鑪峰害我城，　　反民邪教黃巾賊。

　　轆轤體詩，是一個詩組共幾首詩，當中一句重覆在每一首出現。以絕句為例，重覆的一句在第一首第一句、第二首第二句、第三首第三句和最後一首的第四句出現。

　　這詩組的重覆句是「反民邪教黃巾賊」，賊字仄聲，所以一、二、四首要用仄聲韻，第三首則用平聲韻。賊字入聲，所以要用入聲韻。

　　入聲韻總帶有一點蒼涼感，「黃巾之亂」擾亂香港法治、破壞香港道德，投入這場「革命」的年青人，起碼要用二三十年才有機會覺悟前非，確實令人感到難過。

　　這組詩不依平水韻，而用粵曲韻，即是當下廣府人所用的語音，即臘雜韻、八達韻、白黑韻通押，難經背道之至。

　　在「黃巾之亂」前後，不少年青人受人蠱惑，以為香港人用的粵語（廣府話）與中國華北的方言（包括以北京話為藍本的「普通話」）是兩種不同的語言。於是有人鼓吹甚麼「港語學」、「粵語文學」等等不合格的歪理。

　　這詩組亦有示範何謂「粵語文學」之意。文學，首推詩歌韻文，並此不識，還侈言開創、保育，正正是今天「學生黃巾賊」的夜郎自大。

　　有些名詞要解釋一下。

　　「轆轤」，是利用滑輪原理製作的起重裝置，中國式水井常以轆轤格，將水桶放入井中取水。

　　「貫索」，中國古天文學的星座名，一名「天獄」。

貫，本是穿錢用的繩索，因為中國古錢中有方孔，用繩索穿成一串錢，方便使用。貫索，亦指用來將一隊囚犯綑綁成一串的繩索。

「兩舌」，本是佛家語，指搬弄是非、挑撥離間。

中國詩原本貴乎含蓄蘊籍。本作純粹白描，初學者的習作而已。

附　錄

附錄一：歷史愛國教育不可造次

前言：

　　本文一九九四年在香港《華僑日報》教育版發表，然後在《百家文學雜誌》（二零一二年八月號）再發表，並加註解。現收錄在本書，作為第六章談及「國民身份認同」的參考資料。

（引文開始）

歷史愛國教育不可造次

潘國森

（編按：原文寫於十八年前，當中觀點及資料，或能幫助讀者思考當前「國民教育科」的爭議。）

　　近日因有中國歷史課本談及六四事件而引起中史科「二十年下限」（註一）的爭議。這個說法的無稽，只要將中史科與歷史科課程的「下限」比較一下便可知，這明顯是政治的考慮而不是學術的考慮。

　　新華社香港分社（註二）教育科技部部長長翁心橋先

生指出任何負責任的政府對中小學教育都要干預，但對大學教育則不應干預。這個說法基本上合理，倒不可因人廢言。任何一國的政府都難免時有改變，假如新政府以先前一任政府的承繼者自居，自然容不得政府出資（其實是納稅人的血汗錢）辦的公立中學有「訕謗先皇」的歷史課文，古今中外的例子不勝枚舉。

例如清代的儒學決不能講「揚州十日」（註三）和「嘉定三屠」（註四）；三十年代國內的中小學絕不能講孫文在廣州西關焚城（註五）；現時也決不會教三十年代紅軍虐殺張輝瓚（註六）、江西蘇區的「萬人坑」（註七）等等事件。美國的公立學校也不會刻意教授歐洲移民屠殺美洲土著（註八），或是年前入侵巴拿馬（註九）時屠殺（或誤殺）大量平民的事實；香港的中學也不教二十年代省港大罷工（註十）和沙基慘案（註十一）。如無意外，一九九七年以後香港所有中學都不可能使用有說及一九八九年六月四日（註十二）凌晨北京市長安街頭槍擊事件的歷史課本。

英國有嚴格的政府檔案保密法，所有檔案都要隔幾十年才可公開，這樣措施是為了讓政府更能有效管治國家，實在無可厚非。中國古往今來都沒有類似的安排，保存史料不是中學教育的職能，而是少數文教工作者的責任。故此我們實在不必再在這次教科書事件上耗費精神來討論。

　　令我更擔心的卻是預委會的牝雞司晨，其中文化小組指稱香港學生的國家民族意識薄弱，建議加強有「民族意識和愛國觀念」的教育。我對於所謂「愛國教育」或類似的東西很有保留，而文教界人士如在未先弄清楚「愛國教育」的內容和綱領之前而貿然贊成，就是一種很不負責任的態度，或者至小應該說是很麻痺大意。

　　「愛國教育科」的課程可能已在編寫中，說不定更會在一九九七年九月突然實施。不知會不會教授「天大地大不及黨的恩情大，爹親娘親不及毛主席親」的一套呢？我又想起電影皇天后土（註十三）中令人震慄的一幕，柯俊雄飾演的教授在飽歷政治迫害之下親手扼死了受盡洗腦式的「愛國教育」荼毒的幼子（大概五六歲），然後自盡。所以我們對「愛國教育」應有心理準備，不可大意，絕不能盲目依循國內的一套。

　　白樺著名的傷痕文學《苦戀》（註十四）有悲痛的一問：「你愛我們這個『國家』，苦苦的留戀這個『國家』，可是這個『國家』愛你嗎？」

　　列寧說過：「『國家』是階級統治的機關，是一個階級壓迫另一個階級的機關。」並謂「國家」由軍隊、警察、法庭、監獄組成，有奴隸制、封建制、資本主義、社會主義四種類型。

　　美國總統約翰‧甘迺迪卻說：「不要問你的『國家』

能為你做些甚麼，問問你能為自己的『國家』做些甚麼。」

《苦戀》的一「問」，卻可以有列寧與甘迺迪兩個截然不同的答案。依照列寧的說法，「國家」無可愛之理；依照甘迺迪的說法，「國家」卻是無可怨之處，應要全心愛她。

今天許多人都會講：「中國人當然要親中」又或是「中國人一定要愛中國」等等沒有經過深思熟慮的門面話，當中還有許多是很有學問的專家學者。時人對「愛國主義」的理解每每是片面的「愛自己的國家」（這個想法十分空疏無知，下文再作詳論），就現今的政治形勢而言，海外華人要「愛中國」除了愛「中華人民共和國」之外，還能愛誰呢？近年本港更出現一種歪理認為凡「愛國」就不應批評政府，再推論出凡批評政府的就是不愛國。這些謬論更屬危險。

上海辭書出版社一九七九年版《辭海》對「國家」一詞給出三義：一・國指諸侯，家指卿大夫。二・國家指皇帝。三・上引列寧的說法。

古人對「國家」的理解不同今人，《古文尚書・大禹謨》：「奄有四海，為天下君。」天下是指整個大地，亦泛指當時中國的全部疆土。《禮記・大學》：「周雖舊邦，其命維新。」又：「齊家治國平天下。」周天子名義

上是天下共主，故此周稱邦，諸侯稱國，卿大夫稱家，這就是古人天下國家的觀念。

以「國家」解作皇帝的用法比較冷僻，然而無獨有偶，法國歷史上標誌著獨裁統治高峰的法皇路易十四亦留下「朕即國家」（L'Etat c'est moi）的名句。

近世中西文化交流，許多歐西政治概念傳入中國，前人要將各式各樣的新事物翻譯成中文，難免要在舊有辭彙中取材。「國家」一詞亦不例外。今天中國人對「國家」一詞的認知大致源於西方，但是了解不夠全面，而海外華人除漢文化外受英語世界之文化影響最深，要理解「愛國」的內容實應比較英語中「國家」一詞的含義。

一九七八年商務印書館《漢英詞典》對「國家」一詞給出三個近義詞：一·State，二·Country，三·Nation。除了Nation一詞間有譯為「民族」之外，國人一般對三者的細微差別多不加注意。有不少政治學者常抱怨此三字含義不同，卻沒有劃一的譯法，經常引起混淆。若要細加區別，則State較傾向於政治層面，略相當於「國柄」，依現代中文則可譯作「國體」，甚或「政府」；Country較傾向於鄉土層面，略相當於「國社」，可譯作「國度」，甚或「國土」；Nation則既涉政治，亦有民族、社群的含義，仍可譯作「國家」，但當牽涉政治科學的討論時最宜譯作「國族」。

政治的國家即所謂「國家機器」（State Machinery），也就是指政府或政權，上引列寧對「國家」一詞帶有貶義的說法，與及路易十四的狂言即是指此。依照列寧的說法，中華人民共和國作為一個「階級統治的機關」可以說是「無產階級」壓迫非無產階級的機關。這「國家」是由解放軍、公安武警、人民法院和監獄（包括勞改營）組成。《苦戀》中歇斯底里的一問，對照「人民共和國」的現況真令人握腕再三浩歎。

「英國」的正式名稱是「大不列顛暨北愛爾蘭聯合王國」，她是由英格蘭先後兼併威爾斯、蘇格蘭和愛爾蘭所組成，地理上前三者同處不列顛島。所謂「英國」可說是由四個不同的Nation組成。作為聯合王國的一部份，蘇格蘭人和愛爾蘭人祇認同自己的鄉土，威爾斯人還保留自己的文字，三方都各自保留自己的「國旗」（National Flag）；蘇格蘭又有獨立於英格蘭的司法制度。北愛爾蘭天主教徒不惜以武力爭取脫離聯合王國與南愛爾蘭合併，更是眾所周知。

Nation一詞常被譯為國家或民族，其本義為泛指一些同種同文而在一特定地區聚居的社群，政治上她可能是個民族成分較單純而被其他民族包圍的主權國（如羅馬尼亞和匈牙利都是在地理上被斯拉夫民族（註十五）包圍）；或是一個聯邦共和國的成員邦（如加拿大的法語省份魁北

克、原屬於舊蘇聯的烏克蘭、原屬於舊「捷克斯諾伐克」的斯諾伐克）；也可能是沒有自己的土地、受異族統治的一群（如以色列治下的巴勒斯坦人（註十六），伊拉克的庫爾德人（註十七））；甚至是超越國界（如十九世紀的泛斯拉夫主義運動）；超越種族（如美利堅合眾國、盧森堡（註十八）、瑞士（註十九）等國的民族成分就比較複雜）；Nation既有主權國的含義，亦可解作民族，故此譯作「國族」較為妥貼。

國族主義（Nationalism 習慣上譯作民族主義）的思潮起源於歐洲啟蒙時代，對十九世紀以後的革命浪潮、國族統一以至國界重劃有深遠的影響。這個主義的內容主要是要求個人對所屬「國族」的忠誠和擁護凌駕於超國際的原則和個人利益之上，而在此之前一般歐洲人認同的政治實體僅限於一城一地。

國族主義的體現可以有許多截然不同的模式。被認同和擁護的對象可能是一個已存在的政權，也可能是對民族或文化認同而政治上未能獨立的社群。前者的末流可發展為種族迫害的國家社會主義（National Socialism 如德國納粹黨）；十九世紀中葉歐洲的獨立革命浪潮和泛斯拉夫主義則屬後者，今天這種因國族的認同有分歧而爭取獨立的運動常被統治者斥為分離主義，如西班牙治下巴斯克人，土耳其治下的亞美尼亞人，中國治下的西藏人等等。亦有

超越政治的文化國族主義（Cultural Nationalism），即是以文學、藝術以至音樂等等文化活動作為國族認同的焦點而不涉政治，今天一些海外華人學者提倡「文化中國」的概念即屬於此。

愛「政治的中國」必須遵守法律（無論法律是否公平），以及擁護或至低限度不顛覆政府。「守法」的人可以享受正常的公民權利，「違法」的受拘捕、起訴、監禁和處罰，這就是人民與「政治的國家」之間的關係，古今中外皆然。所不同的是在舊日的專制社會，少有客觀準則可循，而現代社會一般較重法律，或多或少有一點明文規定。

愛「鄉土的中國」體現為對中國土地山川（就漢人而言鄉土的範圍可能僅及漢人聚居的華北、華中、華南、嶺南和東北）的「愛」。

愛「國族的中國」因認同的對象而變化，可體現為對政府、文化或民族的愛護。海外華人對中華民族的愛其實以對漢族為主，對其他少數民族則談不上有太深的感情。

愛「文化的中國」則體現為對「中國文化」的認同和維護，海外華人屬漢族居多，他們所理解的「中國文化」其實只是漢族文化而已。

作為一個漢人對「中國」又有甚責任呢？有人說清初大儒顧炎武曾謂「國家興亡，匹夫有責」，這種講法跡近於誣，應該是「天下興亡，匹夫有責」（註二十）。顧氏

《日知錄》謂：「易姓改號謂之亡國；仁義充塞而至於率獸食人，人將相食，謂之亡天下。……保國者，其君其臣肉食者謀之，保天下者，匹夫之賤，與有責焉耳。」

《資治通鑑》漢紀獻帝建安二十二年記魏王曹操議立世子，謀士毛玠贊成立長子曹丕，說道：「近者袁紹以嫡庶不分，覆宗滅國。廢立大事，非所宜聞。」袁紹死前遺命幼子繼位，將河北四州分與三個兒子和外甥管治，結果長子不服、兄弟鬩牆，相繼敗亡，時人以「覆宗滅國」視之，則漢代人於「國」之觀念可見一斑。其實亡國亦未必一定可怕，一九四九年國民政府遷台，在許多人心目中「中華民國」經已覆滅，有人額手稱慶，有人痛哭流涕。一個民族之中朝代更替實為常事。

故此「亡黨亡國」之憂，自有「肉食者」（原指貴族階級，泛指執政集團）謀之，平民百姓本無保「國」的義務。怎樣才算是亡天下呢？巴比倫，羅馬，印加等古文明的殞滅；與及近世清末幾被列強宰割瓜分、文革十載、越南人投奔怒海、赤柬屠殺人民與及埃塞俄比亞、索馬里等國餓殍遍野才算是差不多。

可以預見預委會談的「國家民族觀念」必然是要青年人盲目的擁護政府。在三四十年代中國人需要強調犧牲小我的一類愛國教育，因為當時中國正飽受日本軍國主義的威脅和侵略，不團結就不能抵抗外侮；這種教育在八十年

代以前還勉強可說有用，因為當時中國與美蘇兩大強國關係很壞；但九十年代的今天，中國外無強敵環伺，內有巨患纏身，並不需要這類愛國教育，卻要加強儒家仁義禮智信的道德教育，以改善國民質素。

愛國主義（Patriotism）既是舶來品，海外華人又有《苦戀》中「我愛祖國、祖國愛我？」之疑慮，應要切切實實的認識它的真義。上文故意暫且不談及其含義，原來愛國主義是專指對Country的愛，故此英語中的「愛國」祇是對鄉土的感情，與政府全無關係。

文首所引甘迺迪總統的名句原文如下：

"Ask not what your country can do for you. Ask what you can do for you country."

就讓我以美國名作家馬克吐溫的名言總結本文：

"My kind of loyalty was loyalty to one's country, not to its institution or its office-holder."

「我只認同對『鄉土國家』的忠誠，而不是對她的建制或官員的忠誠。」

後記：

原文一九九四年曾在報章上發表，文中主要觀點至今無大改變，只改正錯字，並補加註腳，以便年輕讀者了解當年時局。

（註一）1994年，教育署署長黃星華聲稱二十年內發生的事，不應記載在中學歷史科的教科書。此說為黃氏杜撰，並無歷史學、教育學的學理支持。

（註二）新華通訊社，簡稱新華社，是中華人民共和國官方通訊社。但是香港分社地位特殊，在香港回歸前，還有中共港澳工作委員會的部分。二零零零年新華社香港分社恢復新聞機構性質，原中共港澳工作委員會改組為「中華人民共和國駐香港特別行政區聯絡辦公室」，簡稱「中聯辦」。

（註三）清世祖順治二年（1645），清軍攻陷揚州，屠城十日，估計死難者數以十萬計。

（註四）「揚州十日」的同年，清將李成棟三次驅兵屠殺嘉定軍民，死難者約有十多萬。

（註五）民國十三年（1924）十月廣州商團事變，孫文成立的革命委員會下令廣州戒嚴，戒嚴部隊曾焚燒西關商舖，估計平民死傷約二千人。

（註六）一九三零年底，張輝瓚率領十萬大軍，進攻江西中國共產黨成立的蘇區。張部在龍岡戰敗，全軍覆沒被俘。一九三一年初被處決。毛澤東詞有云：「霧滿龍岡千嶂暗，齊聲喚，前頭捉了張輝瓚。」

（註七）一九三三年中共中央在被國民政府軍隊包圍的情況下，決定放棄江西蘇區突圍。逃亡之前，為防有人投降、逃跑，曾秘密處決了至少數千官兵，隨殺隨埋，故有「萬人坑」之說。

（註八）美國官方估計為十萬至五十萬，民間估計自美國立國起，約有一千萬至一億美洲原居民因美國擴張要死亡。若以下限百多年間死千萬人推算，平均每年死數萬人。

（註九）一九八九年十二月，美國總統布殊下令海軍陸戰隊入侵巴拿馬，俘虜巴拿馬領袖諾列加（Noriega），估計戰事導致巴拿馬平民傷亡約二千人。

（註十）一九二五至二六年間，數十萬工人罷工，抗議上海租界的英籍巡捕槍殺示威者。後來金文泰接任司徒拔為香港總督，與廣州國民政府談判，最終罷工結束。

（註十一）一九二五年六月二十三日，廣州英法租界英法兩國士兵向示威人士開槍，約有六十多人死亡，百多人重傷，輕傷不計其數。

（註十二）一九八九年六月三日晚至四日凌晨，中華人民共和國人民解放軍戒嚴部隊進駐北京市區。過程中曾向不服從戒嚴令、拒絕回家的市民開火，估計北京市民死亡者約數千人，受傷者約數千至一萬之間。

（註十三）一九八零年台灣拍攝，在香港曾被禁播。

（註十四）發表於一九七七年，一九八零年改編為電影，一九八一年電影受到廣泛批判，導演彭寧轉行不再從事電影工作。

（註十五）現時中歐、東歐多個國家都由斯拉夫人建立，包括原蘇聯的俄羅斯、白俄羅斯、烏克蘭；波蘭、捷克、斯洛伐克；原南斯拉夫的斯洛文尼亞、克羅地亞、塞爾維亞、馬其

頓、波斯尼亞、黑山；與及保加利亞等國。

（註十六）巴勒斯坦國在一九八八年宣佈成立，但是聲稱擁有的領土大多受以色列控制。

（註十七）庫爾德人主要聚居在土耳其、伊拉克、伊朗邊境，亦有部分在敘利亞。

（註十八）盧森堡的官方語言有三：盧森堡語、德語、法語。

（註十九）瑞士官方語言有四：德語、法語、意大利語、羅曼什語。

（註二十）「天下興亡，匹夫有責」是清末民初教育家梁啟超按顧炎武原意簡化。至於誰人首先改作「國家興亡，匹夫有責」則待考。

（引文完結）

後記：

上文（註十二）有修正，內中「估計北京市民死亡者約數千人」只是比較隨便的猜測，現在修正為「估計北京市民死亡者約數百至數千人」。另，這註只談市民傷亡，未有論及解放軍傷亡數目，因為手頭上更無資料，置之不論。

國森記，二零一五年五月

附錄二：香港粗口時談平議

前言：

　　本文原載於2013年8月《百家文學雜誌》，寫在林慧思女士以粗口辱罵警官之後，陳日君樞機吩咐信眾用粗口「鬧」（罵）行政長官梁振英之前。

（引文開始）

一：背景

　　七月有小暑大暑兩個節氣，八月則有立秋和處暑。立秋以後，按中國人的習俗已算初秋，但是天氣仍然酷熱，俗語有所謂「爭秋奪暑」，要過了處暑，暑天才真正告一段落。近年天氣反常加劇，北半球夏天溫度飛升。香港是現代化城市，冷氣機甚多，人在室內「嘆冷氣」，將熱氣排出戶外，利己損人。再加上土地矜貴，樓宇向高空發展，妨礙通風散熱，令鬧市形成所謂「熱島」。氣溫越熱，人越煩躁，街上行人擠擁，易生磨擦，演化成口角，甚至粗口橫飛，再至動武流血。近年，香港人法律意識日高，知道當眾打架會惹官司，便「止於粗口」了。

　　這個炎夏，香港人大受「粗口」困擾。事緣有小學教師在旺角鬧市，以粗言穢語辱罵警察。事件擾攘多時，引起全港家長恐慌，一再有年幼兒童向父母查問「X你老母」何解？令幾許父母如坐針氈。有家長抱怨，因為有大學教授及自稱英文水準甚高的名人異口同聲說「what the fxxk」不是粗口！普羅家長沒有高學歷，很擔心又有誰站出來說「X你老母不是粗口」。果如是，香港真是住不下去了，只好移民云云。

　　以上引述的中英詞語，出現了三個「交叉」，需要解釋一下。那個f帶頭的英文字共四個字母，因為涉及不雅意義，過去一般印刷品將第二三字母改為「xx」。現時越來越多英語地區移風易俗，認為可以將這個字如實印刷，就還原為「uc」。至於第三個「X」是廣府話粗口單字，這類字共有五個。一個動詞，四個名詞。過去幾十年都屬禁用字，不能見諸報端。現在中文電腦普及，正字和新造俗字都可以印出來。本文依舊俗，仍用「交叉」代替。

　　本文將從語言學和民俗學的多角度深入分析，務求以最透徹的論述，一舉平息所有爭議。讓家長放心。

　　按現時（本文八月十二日脫稿）掌握的資料，有一位小學女教師在旺角西洋菜街南向執勤警員罵了以下的詞語：

　　（一）八公、八婆

（二）賤人

（三）what the fxxk

（四）X你老母

二：歷時、共時

先講「粗口」，按香港過去幾十年的民俗，廣府話的粗口，共有五個單字。一個是動詞，四個是名詞。動詞解作「姦」、「性交」（尤指不正當的）；名詞都是性器官，三個用在男，一個用在女。任何詞語，只要包含這五個粗口字的任何一個，都屬「粗口」。這個義界，並無爭議。

先前立法會一位女性議員，指責另一位男性議員「講粗口」，她認為「仆街」是粗口，皆因自少家教如此。此說一出，輿論譁然，因為跟香港人向來的理解相違。「仆街」一詞，實為「仆街死」的省文，是詛咒語。仆是仆倒在地，街是室外的街道。「仆街死」的含義就有點似北方人講的「路倒屍」，也就是橫屍街頭。廣府府俗語有所謂「唔望好生望好死」，說明中國人傳統希望死得比較安詳。男人死在家叫「壽終正寢」，女人死在家叫「壽終內寢」，在人生的最後一程，算是走得有「福氣」。後來「仆街死」簡化為「仆街」，聽上去就沒有罵得那麼惡

毒,然後知道原意的人越來越少,經常不再含有咒人死的意味,於是「仆街」還可以用來自嘲呢!

「仆街」一詞的演變,是「歷時語言學」要研究的課題。

女議員的父母教她「仆街」是「粗口」又是否全錯呢?我們只能說她家的習慣是「小眾」。

香港人對「仆街」有不同的理解,辨析這些差異,是「共時語言學」要研究的課題。

各位可能聽過這樣的笑話:

話說有香港人到中國內地旅遊,在餐館稱呼一位侍應生為「小姐」,萬不料那位年輕女孩勃然大怒!惡狠狠的罵道:「你阿媽至係『小姐』!」香港人在餐館講「小姐」,是對年輕女士的敬稱。但是中國大陸某些地方的色情場所,卻稱呼賣身的女孩為「小姐」。因為那個旅遊點的居民不習慣稱呼年輕女性為「小姐」,所以在那處地方,「小姐」的唯一意義,就是「妓女」!難怪那女侍應生如此震怒。在中國,餐廳侍應生一般稱為「服務員」。

所謂「一處鄉村一處例」,我們日常生活只能夠盡量尊重其他人的習慣。那麼,男議員應否在女議員面前講「仆街」呢?因為絕大部份香港人都認為「仆街」不是「粗口」,所以在公事上面,男議員在女議員面前講「仆街」不算粗口。假如是私人場合而兩位議員相識,除了第

一次「不知者不罪之外」，男議員對女議員講「仆街」就算粗口。

為甚麼我會對兩件相似的事情有不同的判斷呢？差異在於說話一方和聆聽一方的關係！

三：約定俗成

學習「漢語語言學」的人，不可以不知《荀子·正名》這段話：

名無固宜，約之以命，約定俗成謂之宜，異於約則謂之不宜。名無固實，約之以命實，約定俗成，謂之實名。

這就是常用成語「約定俗成」的出處，這裡的「名」指詞語。

我們用甚麼樣的詞語來達一個甚麼樣的意義，其實並沒有甚麼牢不可破的金科玉律，「講這話的人」跟預算會「聽這話的人」有共識就可以。

這樣就解釋了前一節的情況。「小姐」在香港明明是敬稱，但中國內地那位女孩卻不是這麼想，事件中的香港男人很無辜，但是「入鄉隨俗，入國問禁」，只能說他倒霉。

至於男女議員的爭議，筆者以一個語言學人的角度，有這個結論：

（一）男議員向其他人講說話時，「仆街」仍不是粗

口,即使女議員意外聽到,也只好算她倒霉。

(二)男議員明知故犯,對女議員講「仆街」,那就算講了「粗口」

(三)男議員知道女議員在場,刻意向第三者大講「仆街」,要讓女議員聽到,那也不算講了粗口,雖則我們可以說男議員這樣做有挑釁意味。

現在可以講「八公」、「八婆」,這當然是罵人的話,但是惡意成份不高,大部份香港人給人這樣罵了,會一笑置之。不過少部份對語言禮儀要求很嚴格的人,有權覺得「八公」、「八婆」是「粗言穢語」(不是粗口)。如果主人家要求嚴格,甚至可以對講了「八公」、「八婆」的人下逐客令。可是,按小數服從多數的原則,在公眾地方「八公」、「八婆」不是「粗言穢語」,這些少數派只能選擇遠離有人講「八公」、「八婆」的地方。

「賤人」亦可以作如是觀。

先講歷時語言學。

「賤」與「貴」對應,古人講「貴賤」,傾向講人的地位和財富。現代人講「貴賤」,要分開來理解,「貴」仍講地位財富,也涉及人品;「賤」就傾向指人品了。

再講共時語言學。

今天香港人理解的「賤」,還可輕可重。

比如說甲女罵乙男:「賤格。」分別就在於兩人的關

係。如果兩人不認識，就絕對是責罵。比如說乙男對甲女毛手毛腳而甲女不情願，就可以罵他「賤格」。若二人是夫妻或情侶，罵「賤格」就可以打情罵俏，語氣柔媚的更然。

四：英文有多好？

香港許多家長認為「what the fxxk」是粗口，可是城中許多名人都說那不是粗口，都是些大學教師，與及曾經居住外國多年而自稱英文好的人。他們或明示、或暗示，指稱認為「what the fxxk」是「粗口」的人「英文不好」。

為此，許多家長感到迷惘，回憶求學時期師長所教，根本上見「fxxk」都是粗口，現在一大票的「專家」說不，以後怎樣教小孩？萬一不幸子女學了「fxxk」來「fxxk」去，有了「英文好」的名人撐腰。

怎麼辦？

怎麼辦？

怎麼辦？

一個人的英文水平，可以分為讀（閱讀）、寫（書寫）、聽（聆聽）、講（會話）四大範疇。所謂「文無第一，武無第二」，實在不容易分高下。而且當兩個識英文的人要爭雄競勝，很難有一個雙方都同意的比賽辦法。

姑且以一個虛擬的例子說明。

比如說有一位「嘈十鳩」留學英國，曾在彼邦生活多年，自稱英文很好。又有一位「阱大番」留學美國，亦曾在彼邦生活多年，也自稱英文很好。怎樣判斷誰的英文較好？

聆聽和會話不能比，因為英式英文和美式英文有差異，各地口音不同。某字其中一個發音在英國對，在美國可能錯。一事物的稱呼，在英國是此，在美國是彼。怎比較？

如果要試閱讀和書寫，也可以請兩位一同報考一個有公信力的英文公開試，分數多的英文好，分數少的英文差，亦算公平。但是問題又來了，「嘈十鳩」提議考英國的GCE，「阱大番」卻說這不公平，應該考TOEFL。那麼比賽就不能進行。

還有一個辦法，就是各人作文一篇，交給對方批改找錯，錯少的贏、錯多的輸。不過又有問題，因為兩人學的英文不大一樣。例如「支票」，英式英文是cheque，美式英文卻是check。香港的「的士」跟英式名，即是taxi，美國沒有taxi，只有cab。

為甚麼香港有這麼多人熱衷於吹噓自己的英文好，意見相左的人英文差呢？我觀察了幾十年，只能說有不少香港人的內心深處仍然殘留對英國殖民地的奴婢意識。香港在幾十年前，英國人高人幾等，通英語的華人，又高不通英語的同胞幾等。

　　我認為學術辯難應該只論證據、不談學歷（或權威）。未評論「what the fuck」是否粗口，還是自報英文水平和學歷為宜。若要自評，我認為自己的中文「過得去」，英文「麻麻地」，換言之，中文水平高得多。至於英文，則英國政府承認我的英文水平屬於「proficient」（精通或熟練），只能說「都算幾好」。當然，我很討厭低貶人家的英文水平。

　　前幾節介紹了「歷時語言學」和「共時語言學」，「what the fxxk」在香港算不算粗口是「共時語言學」的研究課題。對不起，以土生土長香港人「約來俗成」的習慣，當日小學教師對警察罵「what the fxxk」是粗口。

　　留英派、留美派可以譏笑香港人英文差，對不起，「約定俗成」如此。其實香港人用英式英文來評留美派，用美式英文來評留英派，一樣可以說你們「英文差」！

　　亦有人提出抗議，指出其本人許多年前留學外國時，老師連hell和damn都當粗口，叫他不可以用！更不要說fxxk了！

　　怎麼辦？我認為應該用上文處理男女議員爭議的辦法。如嘈十鳩、阱大番與那位小學老師是一類人，普羅香港人跟警察沒有責任追趕英美的新潮流。按尊重別人的原則，不應該強迫你不認識的人跟從你的價值觀。

　　放過洋而自稱英文好的人，指出小學教師當日的

「what the fxxk」其實是「感嘆詞」，這個就違反了英語文法的基本學理。原來，一個英文片語的意義會受到「語氣」（mood）和「腔調」（tone），孤立「what the fxxk」來講語意，當然可以一語數解。正如上面談到一個「賤」字，言者聽者的關係，至為關鍵。「what the fxxk」譯成廣府話，大概是「乜X野呀」。如果小學教師喃喃自語或者回頭跟同伴說「what the fxxk」，這才可以算是「感嘆」。但是現場所見，她是舌綻春雷、氣吐丹田的向好幾呎以外的警察吐出「what the fxxk」，還不止一次，那肯定是罵人，罵人就是「粗口」。

幾位英文好的人所講，是「失實陳述」（misrepresentation）。

有兩個可能：一是在外國的英語老師沒有教過mood和tone；一是學過而避而不談，那就是「欺詐的虛假陳述」（fraudulent false representation）了！

五：本是粗口，變成不粗！

有家長擔心，大學教師、留學名人既能將「what the fxxk」理解為不是粗口，會不會連「X你老母」也可以不是粗口？

答案是：在特定語言環境之下，可以。

按漢語語言學的準則，給舊詞語賦予新的音義，要過兩個關。一是訓詁關，一是約定俗成關。訓詁是指「以語言解釋語言」。

按照粵方言區的「主流民意」，「X你老母」是最嚴重的粗口，罵方惡意侮辱，被罵方每每因而狂怒，可以導致動武。如果撇去法律不談，A君罵B君時講了「X你老母」，則B君即使出手打傷A君，亦會得到第三者同情！

可是，在某些特定的人際小圈子裡面，「X你老母」並不是粗口，而是「發語詞」。即是古文裡面，甚麼「夫……」和「蓋……」中的「夫」和「蓋」，沒有意義，說穿了，只是「貪好聽」！

假設嘈十鳩和阱大番這兩位香港人私交極佳，可能會有以下對話：

嘈：What the fxxk！X你老母阱大番！咁都畀我撞到你，食左飯未？一齊啦！

阱：X你老母嘈十鳩！好耐無見！你兩個仔好嗎！What the fxxk！

以上對話，譯成「非粗口」香港人的對話，將會是：

嘈：咦！（感嘆詞）喂（發語詞）阱大番！咁都畀我撞到你，食左飯未？一齊啦！

阱：喂（發語詞）！嘈十鳩！好耐無見！你兩個仔好嗎！唉！

以上虛構情節，只為說明，如果兩個人「約定俗成」，任何粗口都可以變成不粗。香港這個風俗真有其事！例如某些行業從來只有男性參與，沒有女性在場，百無禁忌大講粗口，有助於宣洩負面情緒。老友聚頭，每一個話都要用「X你老母」來做發語詞，那當然不是罵人的粗口。

六：點解講粗口？

如果家長遇上年幼子女（如學齡前）問「X你老母」是何解。建議要包括以下重點：

（一）這是侮辱別人的話，講的人態度橫蠻兇惡，主要為刺激別人，小朋友千萬不可以學。如果有人對你講這話，或者你聽到誰人講這話，應該告訴爸媽。

（二）這句口語可以寫成「姦你阿媽」。

（三）你是爸爸媽媽生的。要生你，爸爸媽媽要有一些親熱行為，但是一起做了這些行為也不一定能有你，這些行為的詳情待大後再告訴你。

（四）姦，就是不管人家是否願意，都要人家一起做上面講的親熱行為。

（五）「X你老母」全句就是，「跟你媽媽一起做有可能生孩子的事」。

（六）如果那人真的要這樣做，是嚴重罪行，應要罰他坐監。

以上所述，家長可以參考，再斟酌怎樣調節使用。

談過小孩的疑問，再為成年人分析一般人為甚麼用這句粗口罵人。

目的主要是攻擊別人以達到侮辱和欺凌的效果。

小學教師一邊用粗口侮辱警察，一邊狂呼罵粗口無罪。大錯特錯！

香港現行法律起碼有以下多種「語言」（language）有可能違法：

（一）粗穢（abusive）

（二）侮辱（insulting）

（三）淫褻（obscene）

（四）令人反感（offensive）

（五）恐嚇（threatening）

「八公」、「八婆」、「賤人」等都可以視為「粗穢」或「侮辱」，不過要定罪就要能說服法官或陪審團。廣府話粗口則算「淫褻」和「令人反感」。「X你老母」則可以理解會五項都犯齊。不過，這只是字面理解，香港施行「普通法」（common law），實際使用時還要參考過去案例。其實，offensive還可以解作「攻擊」，這句粗口攻擊力很強。雖然罵人者根本沒有想過真的要跟對方的母

親性交。

　　再舉一例，「鏈人憎」是阱大番的上司，二人關係差劣。假如阱大番工作上犯錯，可能會出現以下對話：

阱：對唔住，老闆。我一時大意，搞錯左。
鏈：What the fxxk！咁多人死唔見你死？我X你老母咩！你點做野？X你老母！你再犯錯，即炒！你份工大把人等住做。What the fxxk！

　　假如阱大番不介意丟了工作，可以罵還鏈人憎，甚至出手打他。鏈人憎自知理虧，未必會用法律途徑追究。如果鏈人憎很有錢，也可以追究到底。假如阱大番不想丟職，就只有啞忍了。

　　類似權力大的人用粗口侮辱權力小的人，尤其卑鄙惡劣。在以上語境，按照上文下理，「what the fxxk」一定算粗口。

七：唔信你從來唔講粗口！

　　九十年代，我曾在中學任教，有一回我問一個學生因何被罰企，他說講粗口被訓導主任聽到，然後抱怨說：「阿sir，我唔信你從來唔講粗口！」我當時沒有答他，

沒有講解我一生人講粗口的規矩跟他不一樣。許多年後，在街上遇上另一個學生，告訴我這個質疑我的學生染上毒癮。當然，我有沒有解釋我的原則，跟他後來有沒有學壞扯不上關係，但是我仍有一點歉意，沒有及時教他「講粗口的規矩」。

最近小學教師用粗口罵警察，社會上提出兩個問題：

（一）警察可不可以講粗口？

（二）批評那小學教師的人，又是否從不講粗口？

先講第一問。

我堂伯父是退休近三十年的警察，大部份時間在學堂教「燒槍」，當年是警隊裡面的神槍手。他的學生大多已經退休，現時香港警隊的高級警官，大多是他的徒孫徒塞（按：塞是曾孫，可能是音近假借字，本字未詳）。

伯父回憶在警校的任教的日子，凡有學警「爆粗」，一律捶罵兼罰跑圈；如果因為盛怒情緒激動而「爆粗」，可以原諒，不必捶罵，仍罰跑圈。伯父告誡學警，不應講粗口，但是要學聽練聽，因為執勤時經常要遇上，聽慣了就不怕影響工作情緒。

伯父自己就從不講粗口，一次也沒有試過！

那是幾十年前的學堂舊規，但是學生不聽老師的話，也難完全避免，幾萬警員，當然有許多人會講粗口，甚至執勤時講。不過，以現時情況，倒似香港警察被罵粗口

的，比警察粗口罵人為多。

然後伯父問我講不講粗口。

我回答說也有講，但有嚴守以下規矩：

（一）有幼童在場不講。

（二）有女士在場不講。除非女性長輩正在講（仍需無其他婦孺），應酬幫腔。例如有一回已故姨媽興到講了，我搭過嘴。

（三）侮辱女性的不講，即「一門五傑」中涉及女性性器官的不講。

（四）攻擊人的不講，從不以「X你老母」罵人。

伯父聽後，滿意地點了點頭。

其實我甚少講粗口，聽眾主要是少數相識的成年男人，從來不會因為我講的粗口而與人結仇結怨。

粵方語區數千萬人，其實真有人一生不講粗口。而每個曾經講粗口的人，都有自己的規矩。我無意強迫旁人按我的規矩辦事。

以上是我對近日香港粗口爭議的意見，可以算是「香江粗口學」入門第一課吧。

潘國森

（引文完結）

附錄三：潘國森論通識匯編

前言：

　　本附錄收的文字，由二零零九年至二零一二年期間發表。因為篇幅所限，許多時未能談得更深入，或提出更充分的證據，但是已盡量表達筆者的觀點。

　　其中三篇談及筆者於二零一三年試答實際試題的得分、評卷老師的評語，以及筆者的異議，於原文發表時略有刪削，現在以答卷時原內容向讀者呈現。那些答案，都是筆者以當時的知識水平，再加對相關議題的理解和個人價值觀作答。因為筆者對那幾個話題都有自己的立場，由衷認為擬題員本人對那些事物實是一知半解！

　　香港的中學「通識教育科」之「誤人子弟」，於此可見一斑！

　　此外，又因為在不同時間發表，各文的內容或有重疊，願讀者能夠理解。

通識科樣本試卷誤譯舉例

原載2009年12月16日《星島日報》

　　新高中學制第一批學生今年開學，最困擾教育界的莫過於通識教育，這是升讀大學必須及格的主要科目，影響深遠，卻出現學難教亦難的困境。今年年中樣本試卷千呼萬喚始出來，有電視台請了著名專欄作家陶傑先生選答部分題目，再交現職老師批改，結果得出不及格的評分，輿論莫衷一是，反映這個科目擬題難、答題難、評卷亦難。

　　在課程六大單元之中，「個人成長與人際關係」、「全球化」、「公共衛生」和「能源科技與環境」都不大受教學語言影響，因為中英文的資料都非常豐富。但是用英語來學「今日香港」和「現代中國」，在許多範疇恐怕會如霧裏看花，隔了一層。

　　樣本試卷的題目大多涉及跨單元內容，例如卷二第一題溫家寶總理談能源就涉及「能源」和「中國」兩個單元，卷二第三題談內地年輕人慶祝聖誕節更涉及「個人成長」、「全球化」和「中國」三個單元。試題引用中文資料，英文版便需要翻譯，可惜水平不大理想，部分譯得不好，部分更明顯出錯。卷一第二題談香港人的身分認同，「香港人」譯作Hong Kong Citizen，中國人譯作「Chinese Citizen」，便多「公民」的概念，應該直

譯為Hong Kong People和Chinese People。「香港的中國人」譯作Hong Kong Chinese Citizen 也錯，正確的譯法是Chinese People in Hong Kong。但是這錯也不能全怪考評局，「香港大學民意研究計畫」用中文做有關的民意調查，同時用中英文撰寫報告，卻不重視翻譯。原始材料既錯，考評局的擬題員只能照跟。這亦引證用英文學通識科的潛在毛病，學生可能要接受次一等的教育！

前輩翻譯家嚴復先生提出信、雅、達三個標準，信是最基本的要求。卷二第三題有「崇洋媚外」一語，是語氣很重的責難，英文本的adoring Western things不算錯，但adoring Western culture較佳，因為「崇」的範圍包括整個西方世界的文化。最大的錯誤是漏掉「媚外」，可譯為fawning on foreign power。但是平心而論，fawn這個字對同學來說可能太深。

有理由相信考評局炮製這份試卷時已經鄭重其事，但是似乎獨欠夠水準的翻譯人員參與。由此可見，用英文修讀通識科肯定會學少了許多東西！難道還能夠要求通識科老師翻譯香港各大中文報章的報道嗎？

通識科的學與教、考與評還有許多難題，有機會再談。樣本試卷中英文版，見：

http://www.hkeaa.edu.hk/DocLibrary/HKDSE/Subject_Information/lib_st/LSSampleDraft-C.pdf

http://www.hkeaa.edu.hk/DocLibrary/HKDSE/Subject_
Information/lib_st/LSSampleDraft-E.pdf

監察考評局的譯筆

原載2010年11月1日《文匯報》

　　香港新高中學制的「通識教育科」是叫師生都「聞名色變」的新事物，教難、學難、考核亦難，近日又再發現更多嚴重毛病。香港考試及評核局（http://www.hkeaa.edu.hk）在今年九月公佈新一批模擬試題，更證實一個先天毛病，就是試題的翻譯水平。香港向來是個不重視翻譯的城市，很多非常重要的翻譯工作，每每因為「慳錢」而交給專業水平未如理想的人員負責。

　　自從香港中學會考進入中英文中學雙語同卷的年代，大部分試卷都是先用英文擬題，再譯成中文。例如理工科的物理學、化學、生物學、工程學，文商科的歷史、經濟、會計等等，都是如此運作。因為這些傳統科目都有悠久歷史，翻譯錯誤相對較少。

　　「通識教育科」則不一樣，通常涉及中國和香港的時事，題目取材多從本地報章找，一般先有中文卷，再譯為英文。但是屬於「全球一體化」的題目，則較多來自英語材料，於是剛好相反是先英後中。

先看中文版考題裡面的一個病句：「你在什麼程度上認為這個雙重悲劇是由全球化引致的？」

題目講的是「全球化引致一個雙重悲劇」，我們幹翻譯營生的人，一眼便知英文版有「to what extent」一語，英文版是「to what extent do you think that the double-tragedy is caused by globalization?」。可以譯作：「你認為這個雙重悲劇有多少成份由全球化造成？」因為庸手一見「extent」就機械式譯為「程度」，所以「某程度上」就成為近年現代漢語常見的病語。如果不敢放棄「程度」，可以譯作：「你認為全球化引致這個雙重悲劇到甚麼程度？」使用中文作答的考生，遇上這樣有語病的考題，是不是很吃虧呢？

這個題目講「環球癡肥」（globesity），英文名是二十一世紀的新出合成字，由「環球」（global）和「癡肥」（obestiy）組成。試題中文版介紹背景資料時，寫道：「一名世界衛生組織撰稿人就全球性的癡肥現象所造成愈來愈大的危害，在2001年2月的報告中首創這個詞語（潘按：指globesity），不少健康專家認為全球性的癡肥現象遠比吸煙問題嚴重。」

考評局聘請的翻譯員受制於英文本的句式，不敢先打散它，再按中國人思維方式和現代漢語的語法重組句子。英翻中並不是單純看得懂英文，寫得出中文就可以交差。

有水準的專業人員一定會在譯好初稿之後，修正全文的語法和句式。

上引的例子的其中一個合格譯法是：「2001年2月，世界衛生組織一位撰稿人在一份報告中首次使用這個新詞。報告指出全球癡肥引起的危害日益嚴重，許多保健專家將癡肥現象歸類為比起吸煙還更嚴重的問題。」看來，監察考評局翻譯員的譯筆水平，是個不可輕忽、影響香港千萬學生學業的重要議題！

考評局談「崇洋媚外」
原載2010年11月15日《文匯報》

香港實行新高中學制，以配合大學三改四，與國際主流接軌。中國大陸、台灣和美國的大學都行四年制，英國則是三年，香港回歸前曾經四改三，現在又再三改四。大學本科學士課程唸三年還是四年，其實影響不大，只是社會各界是否習慣而已。如果認為大學生活比中學更多姿采，從學生的角度來看當然增一年大學、減一年中學更佳。

香港行四年制大學可說是去英從眾，但是大學的入學試卻別樹一幟，最有「香港特色」的新猷是要必修一課「通識教育」，而且要合格才可以升大學。這又是單純針

對就讀常規中學的畢業生，在香港唸國際學校的學生卻可豁免考這科。

通識教育科是新生事物，因為香港環境獨特，竟然又產生另類「先天性毛病」。在中國大陸和台灣考公開試入大學，文理各科都用中文；英國美國則用英文。香港因歷史遺留的問題而一卷兩文，不論考物理、化學，還是歷史、地理，都可以選擇用中文或英文作答。現在通識教育科亦必須一卷兩文，以配合英文中學和中文中學的不同需要。問題便由此而生，物理、地理等傳統科目都已高度發展，不論用英文擬題再譯成中文，還是先中後英（傳統上香港這方面是先英後中），問題都不大。但通識教育科就不一樣，中國問題和香港問題較多引用中文媒體的報道，擬題自然要先中後英；許多涉及「全球化」的議題，則大有可能先英後中。這樣就挑戰到考評局擬題員的譯筆。

通識教育有如未經開發的新大陸，老師和學生都十分憂慮，為此考評局要在二〇一二年首次開考前公佈樣本試題，給師生參考。當中就有不少中英雙語翻譯的嚴重錯誤。

有一題要求考生討論中國內地對年青一代越來越熱衷於慶祝聖誕節的爭議，其中一條資料是有學者認為「國人應改變『崇洋媚外』的心態」云云。當代中國人一提到「崇洋媚外」，很容易體會到當中的深層文化意義。若譯

成英文，即使辭意不失，但是以英語為母語的人看到亦未必有中國人的一份感受。考評局的翻譯員將「崇洋媚外」譯為「adoring Western things」，只譯了前一半的「崇洋」，卻吃掉了後一半的「媚外」！

漢語四字成語經常會分成程度深淺的兩部分，如果只是「崇洋」，「情節」可能很輕微，但是當「崇洋」跟「媚外」廝渾在一起，這個「崇洋」亦當算是「惡性」。上述的英譯缺少了「媚外」作伴，只有「熱愛西方事物」的意義，沒有帶出諂媚、阿媚等醜態。香港人脫離港英殖民統治只有十多年，我們的日常生活中原本就較少遇上「崇洋媚外」四字。現在考評局的翻譯員偷懶，沒有依照中國翻譯人員傳統上要知的「信、雅、達」標準來辦事，結果是中文中學和英文中學的考生要按照不大相同的資料去討論同一個問題，難免「英文意淺，中文義深」。

「崇洋」與「媚外」

原載2010年11月22日《文匯報》

漢語中一些常用四字成語其實可以分為兩個部分，意義相近而深淺程度不同。例如說「斬草除根」，「斬草」只處理野草露出地面的部分，「除根」則連埋在地下的根都清除。斬對除，是動作；草對根，是植物的不同部位。

四字合起來，解作除去禍根、不留後患，其實重點在於「除根」，「斬草」只是陪襯。又如「盡忠報國」，「盡忠」是盡忠職守，可能僅僅是很有責任心地完成原本應該做好的職務；「報國」則包含不理嚴重後果的決心，即是有可能因公殉職亦置諸度外，那才算高度的「報國」。一個公職人員單講「盡忠」，可以是很稀鬆平常，若說打算「報國」，他的父母就要擔憂有可能白頭人送黑頭人了。

「崇洋媚外」一詞亦當作如是觀。洋對外二者倒沒有甚麼程度上的差異，崇對媚就有天淵之別。最輕度的崇洋，當中那個崇可以是僅僅是崇敬、嚴重一點是崇拜。小孩子大吵大鬧，寧願到美式連鎖快餐店吃漢堡包、炸薯條那些垃圾食物，也不肯嚐嚐老祖母用愛心親手做的中國點心，那亦可算是最輕微的「崇洋」。再重一點，是認為「外國的月亮更圓更亮」或者「洋和尚更會唸經」之類，又或者覺得凡喝葡萄酒都優雅、凡喝中國白酒都庸俗。崇敬、崇尚、尊崇等等，英文可叫adore，亦有點似欣賞，基本上是正面的用字；崇拜是worship，好與壞視乎你崇拜誰。基督教的聖經《舊約書》記載以色列人「崇拜偶像」，天主給他們的懲罰是在曠野（舊譯，即沙漠）上流離失所四十年！那是背叛天主的大罪。但是詞彙的意義常隨時空變化，今天香港人理解的「崇拜偶像」，一般指年青人瘋狂擁戴演員、歌手，情節很輕微。即使今天崇張

三、明天拜李四，朝秦暮楚亦無所謂。

「媚」在這裡可以解作獻媚、諂媚、阿媚，完全不帶正面的意義。當「崇洋」遇上「媚外」，這個崇也不再可能是尊崇，而是「崇拜偶像」本義那一個級別的惡性行為。一如「斬草」遇上「除根」，只是陪襯。

怎樣的行為才算「媚外」？首先，這人最起碼要討厭到見了外國人就要換上一塊諂媚的臉孔，拿出平日不會用來對待本國人、本族人的嘴臉，去奉承和取悅外國人。這種行為，於外國殖民主義者在中國土地上作威作福的年代較多。其次，這種行為背後的動機必定要試圖撈點不光彩的油水。假如一般跟外國人交朋友，真心崇敬人家些什麼德行才能，那麼即使態度謙恭，只要沒有涉及不正當的收益，就談不上媚外那麼嚴重。

近年中國內地有些學者因為見到不少年輕人大事慶祝聖誕節而大動肝火，批評這也算「崇洋媚外」，未免反應過敏。香港人比較少罵人崇洋媚外，可能是兩地教育不一樣吧。因此，香港考評局的官員翻譯「崇洋媚外」時偷工減料，令到英文版試卷說內地批評指過度慶祝聖誕是「崇洋」而不是原來的「崇洋媚外」，那在學術上實在是個很大的過失。

兩岸三地的大學入學試

原載2010年11月29日《文匯報》

　　香港的學制正在「三改四」，大學的常規本科修業年期延長一年，中學亦由過去五年中學（初中三年、高中兩年）、兩年「大學預科」縮減為六年中學（初中、高中各三年）。凡是制度變革，總會有人受影響而吃虧，視乎主政者有沒有將破壞減到最低。這一回香港的學制改變則肯定沒有理會末代舊制中學生的死活，舊制會考很快取消，叫部分剛好遇上改革的年輕人減少了重讀重考的機會。

　　過去香港學生要闖過中五和中七兩道關卡才能夠考入大學，社會大眾視中五那一年的會考為「中學畢業試」，中七那一年的「高級程度會考」為「大學入學試」，涇渭分明。日後中六畢業生考的「中學文憑考試」勢必「身兼二職」，既是中學畢業試，亦是大學入學試。怎樣滿足兩個不同的需要，實在應該交由社會各界反覆論證，而不應該像現在那樣由香港考試及評核局單方面決定。

　　中國大陸和台灣的大學向來行四年制，「聯考」純粹是大學入學試，中學畢業生不打算升大學的話，根本不必報考，拿著學校發的畢業文憑和成績單就可以作為學歷證明，好去就業投身社會。香港社會卻習慣了有官方發的「school cert」（中學畢業證書），如果學生在會考沒

有拿到五科合格的成績，社會大眾差不多會把他當作沒有中學畢業的學歷。近年用了分級制代表有幾多科合格，僅合格的算一分，最高五分，於是有了「零分會考生」，即是「全科不合格」。香港的僱主一般以中學會考成績來衡量年輕人的學業水平，是為了傳統上信不過個別學校自家辦的畢業試，怕有校長、老師為了學生的就業前途而濫給分，讓成績差劣的學生也有一張體面的畢業成績單，「中學會考」的合格成績就有較大的公信力。香港人既形成了這個信不過一般學校的傳統，教育當局、考評當局在制訂過渡時期的措施時，理應考量和好好處理大家的情緒。

中國大陸和台灣的大學入學試相對很簡單，不似香港那一套複雜。科目數量相差最大。中國大陸高考除了語文（即中文）、數學和外語（主要是英語，亦可選日語、法語、俄語）之外，就只有三文科（歷史、地理、政治）、三理科（物理、化學、生物），合共只有九科。

台灣則限定外語是英語，三理科稱為「自然科」，三文科稱為「社會科」，不設「政治科」而考大同小異的「公民和社會」。至於數學科則分為「自然組」和「社會組」，供大學和學生選擇。

海峽兩岸考大學的制度，實在比香港簡單得多。香港新制度則要求學生除了中、英、數之外，還有一科新的「通識教育」共四科都要「達標」，將廢除「合格」和

「不合格」的分別，背後的精神是讓考生面子好過一點，但社會大眾，尤其是僱主就需要一段時間來適應。

香港新學制的諸般毛病，下回分解。

「通識」通在哪裡？

原載2010年12月6日《文匯報》

香港的大學學制即將三改四，中學多了一門新的「通識教育科」（Liberal Studies），成為中、英、數以外，本地中學生考大學必須過關的第四科。如此這般的入學條件，要求之嚴苛，舉世所無。英國大學三年制沒有類似的學科，中國內地、台灣、美國等行大學四年制的地方也沒有。

香港好幾家大學都有負責「通識教育」部門，他們叫「General Education」，有什麼分別？可大得很！「General」是一般、普通、非專業，「general knowledge」就是「常識」。這是個很中性的概念。「Liberal」是自由、開明、不守舊，明顯在「自由與保守」的爭議中「站了隊」。雖然兩個程度的「通識教育」的綱目細則大同小異，但是取態上會不會有嚴重分歧？良性的「liberal」是開明、理性，但惡性的「liberal」即可能演變成為放縱。正如惡性的保守（conservative）才是頑

306

固、守舊，良性的保守可以是穩重和珍愛傳統。不能一刀切以為liberal一定勝過conservative。

那麼香港中學的「LS」跟大學的「GE」中文名同，英文名異，是否「如有歧異，以英文本為準」？重英輕中，正是香港過去繼承殖民時代意識，到今天回歸十多年後仍未擺脫的意識。我要問中學的「通識」真可跟大學的「通識」銜接嗎？人家的中學生不必特別考一科「通識」，這是因為我們的青少年比中國內地、台灣、美、英的同齡學生優勝，還是落後？

香港教育當局創辦了「通識教育」（Liberal Studies），官員曾經強調跟「姓名相近」、在美國流行的「Liberal Arts Education」並不是同一回事。嶺南大學引進這個新的教育理念時，創校校長陳坤耀教授給起了個好聽的中文名字，叫「博雅教育」。那又是什麼一回事？在美國，是大學本科課程，學生要修讀人文學科、社會科學、自然科學和數學，對於在中學的文、理、社等科再深造。香港的中學通識教育，其實也溢不出傳統文、理、社三大範疇的結合。只不過人家讀四年大學，香港則是三年高中的其中一科，野心如此大，必然眼高手低、支離破碎。

有人認為「Liberal Arts Education」應該改稱為「Liberal Arts and Science Education」才可以全面反映事實，這一點陳坤耀教授應該會很有感觸，因為他曾經抱怨

教資會不肯撥款給嶺南大學開辦理學院。這也難怪，你說你們辦「Arts Education」，不是「文科」、「文藝科」嗎？開理學院幹啥事？

現時香港新高中通識教育亦有輕視理科的趨向，這該不是如教資會般不理解陳教授，而是怕萬一引入了理科的常識，文科生會騷動抗議。

「通識」通在哪裡？

通識批判、批判通識

原載《百家文學雜誌》2011年4月

「通識教育」是近年香港教育改革的一個重要話題，在中學已經造成「大逃亡潮」。不少經濟能力較佳的家長，為免子女成為實驗室中的「白老鼠」，寧願花高昂許多倍的教育費（包括學費和生活費等），送子女到本地國際學校、或出國留學「避難」。加劇香港中學生不足的趨勢，進而加重中學的「殺校」壓力。

2012年，三三四新學制下的第一批高中畢業生會參加新的「中學會考文憑」。屆時他們已完成了三年初中、三年高中課程，成績優異的，可以升讀本地新的四年制大學本科課程。「通識教育」（Liberal Studies）是必修科，原則上考生要在中文、英文、數學和通識都合格才有可能升

讀香港的大學。這是世間罕見、第一等嚴苛的入學要求！有一點要補充，考評局的官方說法其實沒有合格和不合格之分，考生在每個科目的評級由1至5，再加比5更佳的5*。1級最差，等同不合格，當局這樣巧立名目，顯然是為免打擊學生的弱小心靈，實在無謂。

香港各家大學自上世紀九十年代以來，陸續開辦「通識教育」（General Education）課程。雖然中文名同而英文名不同，但是比較一下課程內容，就可以看出背後的精神走不出歐洲中世紀時代大學Liberal Arts的大原則。這個教育理念再發展到今天美國的Liberal Arts College（台灣叫「文理學院」），這類院校的課程可以歸納為人文學科、社會科學、自然科學與數學三大範疇。當然學的時候通常三個部門的學問分開來學，但是到應用的時候就要三部門結合。

歷史是人文學科之母、語言文字學是社會科學之母、數學是自然科學之母。要教好「通識」、學好「通識」，必需提升同學在歷史、語言文字學和數學的水平。社會科學要處理的是人在社會之中，跟其他人、其他群體的種種關係和交往。這就涉及溝通，溝通主要靠語言文字。

香港通識教育無論從設計到執行，都可以說千瘡百孔，在此僅舉一例。

香港中學、大學的「通識教育」都強調「批判性思維」（critical thinking），中文名真嚇人！引起這樣的誤

會，自然要歸咎到譯者的水平。一則只知機械式逐字對譯（涉及語言文字功力），二則沒有考量到中國大陸的情況（涉及文化視野）。

Critical的詞義，可以歸納為兩大範疇。第一形容「關鍵」、或面臨「轉捩」、或「質變」的情況；第二形容跟「評論」有關的事物。物理學上的「臨界點」（critical point）、「臨界質量」（critical mass），形容病情的「危重狀態」（critical condition）屬第一類。屬第二類的，有「評論」（可讚可彈），「批評」（傾向指出不足之處）和最嚴屬的「批判」。

許多香港人從來不關心、不理會中國大陸的事，當然不知道「批判在中國」是怎麼一回事。經歷過中國近幾十年來「政治運動」的人或會奇怪，怎麼香港的教育界企圖讓香港的年青人都用「批判」的心態去面對和處理身邊的人和事。

「批判」這個詞，《三國演義》第五十七回有用：「（龐）統手中批判，口中發落，耳內聽詞，曲直分明，並無分毫差錯。」解作「批示判斷」。一個不讀古書、不理會深圳河以北的香港人，如果讀過點西洋哲學，大多會將「批判」理解為「判斷是非」之類。有何不可？

「批判」本是佛家語。孫維張《佛源語詞詞典》：「批，分析；判，評論、斷定。經過分析評論而有所裁定

或斷定。《祖堂集·卷十二·仙宗和尚》：『……今日得遇明師批判』。現代漢語改其意而用之，指對錯誤言行進行分析批評。例：那時代我是犯錯誤的人，經常在小組會上受批判。」何謂「現代漢語」？簡而言之，就是今天在中國大陸流行的中文，包括書面語和口語。許多詞語和概念跟香港約定俗成的用法有極大差異。

《漢語大詞典》釋「批判」為：「對所認為錯誤的思想、言行進行批駁否定。周恩來《堅決肅清黨內一切非無產階級的意識》：『主要的還在批判一切機會主義的觀念，使全黨同志有明白的認識。』」

香港教育界講「批判性思維」，當然不是這麼一回事，沒有那一份肅殺氣氛。可是大學、中學的課程設計老師一方面說要加強同學的溝通能力和認識「現代中國」，另一方面卻牛頭不對馬嘴，擺了這樣的一個大烏龍，足見許多老師自己就視野偏狹，「通識」水平實在未能勝任。

Critical thinking究竟有甚麼特別獨到之處？我比較喜歡用網上的Merriam-Webster英文詞典（http://www.merriam-webster.com/）。既方便，釋詞又多精確。詞典詮釋critical thinking強調涉及「careful judgment」或「judicious evaluation」，譯作「明辨慎斷」為宜，另一個常用的譯法叫「嚴謹的思考」，雖然未能全面意到詞達，總也比不合國情的「批對性思維」好得多。

　　從「通識批判」（香港通識教育宣揚推廣的「批判」）、到「批判通識」（批駁香港通識教育的錯誤思想），只是其中一個明顯「一盲引眾盲」的重大失誤，令人擔心香港「通識教育」這個新生事物將會是又一次大規模、大範圍的次等教育。

　　怪不得許多香港教育部門的官員，一方面強迫所有中學生（人家的子女）必修他們炮製的「通識教育」，一方面又讓自家的子女脫離香港的中學教育。

　　己所不欲，勿施於人。這樣的言行，當然要嚴屬批評了。

考生的噩夢

原載2011年6月28日《星島日報》

　　二〇一二年所有參加香港中學文憑考試的學生都要應考「通識教育」，考評局公布了兩批「樣本試題」和「評卷指引」，差不多每一題都有毛病。考評局定下的評分指引，無可避免會成為這科新生事物的權威意見。考評局所「是」，考生何敢「非」之？考生最大的噩夢，就是遇上學問水平未逮的考官。

　　先談最嚴重的一例，為省篇幅，只介紹相關的內容。

評卷指引毛病實例

　　第二批試題的卷一第一題「資料1」，摘錄二〇〇九年八月二十四日香港新聞報道，說及「環保觸覺」到某連鎖快餐店示威，指責該店三年內丟棄數億件即棄食具。「資料2」是「公眾的一般建議」，市民A說「快餐店應提出五年計畫，減用即棄餐具百分之五十」，市民B說「政府應立法徵稅，每件餐具五角」。出題老師要考生「根據資料1，解釋『環保觸覺』在這事件所擔當的不同角色」。（文件可在考評局網站下載：www.hkeaa.edu.hk）

　　評卷指引舉了一些「正確」的示例，在此只談有毛病的：一、「動員公眾向政府和有關人士施壓，從而處理環境問題」，英文版更驚嚇，說「fix the environment」；二、「在應付香港環境問題方面補足環保署之不足」。

　　首先，如此溢美恐怕連「環保觸覺」的負責人也要臉紅。該組織在二〇〇四年成立，就算在其網頁（www.greensense.org.hk）也找不到任何報告證明曾經實實在在的「處理」（fix）過哪一個香港的「環境問題」。至於說「補足環保署之不足」，假如考評局的老師能夠提出確鑿的證據，筆者建議乾脆請「環保觸覺」接管（takeover）環保署，由他們來「應付香港環境問題」，成本效益應該更佳，可以節省許多公帑。事實上，筆者只能同意「環保觸覺」對

香港的「環保教育」有些貢獻。

而且，問題的核心在於考評局老師這兩個論斷，都不可能從試題的資料推論出來，借用考評局的「口頭禪」，是為「所答與題目毫不相干」，可給最低分的評級。這只是學術判斷失誤，可以體諒，我們亦沒有理由懷疑當中有任何利益輸送。

倡設「暫定評卷指引」

同學參加公開考試，最大的噩夢是甚麼？肯定是遇上考官的水平低、出錯卷。如此題目，考核的不是同學的分析能力，而是猜測出題老師立場的「他心通」！出題老師高度評價「環保觸覺」，如果同學認定他們的建議很蠢笨，按照這個指引，會不會被當為「所答與題目毫不相干」？

這條試題，還有更大毛病。就是出題老師竄改資料，將「環保觸覺」的愚蠢建議，找來「市民Ａ、Ｂ」來頂罪。於是，我們發現同學更大噩夢，就是「老師講大話，同學怎麼辦」？解決之道，是在筆試完結之後，即時公布「暫定評卷指引」，讓公眾參與嚴謹的學術論證，再修改確認。香港每年花耗數百億的教育經費，如果公開考試要求同學按照不盡不實的資料來研討和判斷，這樣的考試定必毫無意義。

毛病有多嚴重？下回分解。

老師講大話　同學怎麼辦？

原載2011年6月29日《星島日報》

上回談到二〇一二年「通識教育」的問題，考評局「樣本試題」差不多每一題都有毛病。

當中第二批的卷一第一題提及「環保觸覺」到快餐店示威，上文已指出考評局出題老師對「環保觸覺」的偏見。沒有證據的指責故然是偏見，缺乏基礎的溢美也是偏見。如果單純是出題老師錯誤地高估「環保觸覺」的貢獻，這還只是認知水平的問題。但是出題老師這回犯了更嚴重的錯，就是竄改資料。

試題「資料2」有所謂市民Ａ說「快餐店應提出五年計畫，減用即棄餐具百分之五十」，市民Ｂ說「政府應立法徵稅，每件餐具五角」。這兩個愚蠢的建議，原來都是「環保觸覺」提出。出題老師這樣竄改資料，實在是侵犯考生的知情權。

公開考試為顧及考生的水平而刪減資料、簡化實況，也無可厚非。否則十七、八歲的高中生未必有能力分析錯綜複雜的社會事務。但是資料可刪不可改，因為竄改原始資料是學術討論的大忌。老師講大話，同學怎麼辦？

再者，出題老師金口一批，認為「五年減半」較可行而短期成效不大，實在教壞學生！我們成年人見慣世

人講「場面話」的陋習，立刻要追問，為甚麼建議「五年減半」而不是「59個月減51%」？於是立刻發覺「五年減半」或「59個月減51%」都是信口開河。但說「五年減半」這樣「齊頭數」則容易欺騙不肯思考的人，所以考評局的出題老師就上當了。

為省篇幅，只介紹最基本的管理概念。

假如快餐店顧客以堂食為主，極少外賣，大可以效法許多美國同業將食客點的漢堡包、炸薯條、炸雞塊、沙律、蘋果批都放在一隻大碟上。減半的建議還太保守呢！只要快餐店願意改，涉及改建廚房〔要清洗餐具〕，選用新的物料〔要購置新餐具〕，重新培訓員工和設計流程。第一期計畫找幾個試點，第二期全面推行，何需五年？如果業務全屬外賣，又怎可能減半？

提議「五年減半」，考評局老師說可行，是「有斷估，無痛苦」，是浮滑的政客詞令。「環保觸覺」如果真要「處理」(fix)這個環境問題，唯有爭取與快餐店建立「策略夥伴」關係。你能夠提供有水準的顧問建議，人家才有可能言聽計從。至於「環保觸覺市民B」建議每件即棄餐具徵稅五角，必會散播錯誤訊息，叫公眾認同：「付了錢便可以隨意濫用物資、破壞環境」。

如果任由考評局這樣惡搞試題，亂發指引，「通識教育科」考試終必淪為背誦和引錄報章時事評論的無意義考試，

可惜香港報章的時事評論水平參差。但平心而論,考評局示範的答案卻是培養投機政客和顢頇官僚的上佳教材。

我們的通識教育科真的要引導同學走上這樣的人生路嗎?

「在甚麼程度上」

原載2011年6月30日《星島日報》

考評局公布的通識教育「樣本試題」毛病多多,可以預期二〇一二年第一次正式考試時各種錯誤仍可能出現。處理之道,唯有要求考評局在考試完結之後,第一時間公布評卷指引,讓老師和同學可以反映不同意見,用大約一個月時間修訂指引,盡可能減少大錯,還考生一個公道。

題目互譯或致不公

通識教育試題還有可能出現中英文題目互譯後有歧異,導致可能不公平的情況。傳統科目如物理、化學、經濟、地理都不會出現,因為這些科目有很多中英文教科書和參考書,名詞術語都相當一致。通識教育科的試題則以「時事評論」為主,來自外國的議題(通識科的「全球化」單元)較多要英譯中,中港議題(「今日香港」、

「現代中國」等單元）較多要中譯英。

今回介紹「樣本試題」中文版常見的怪句。

第二批試題的卷一第二題討論「環球癡肥」。現時香港各中學的通識科老師和同學都是人手一卷，其他讀者可以到考評局網站下載文件（www.hkeaa.edu.hk），當中有一問：「參考資料2，你在甚麼程度上認為這個雙重悲劇是由全球化引政的？解釋你的答案。」

各位家長，如果你們有相當於中學或以上的教育程度，你對「在甚麼程度上認為」一語有甚麼感覺？奇怪、難解、不知所云……

香港社會向來重英輕中，如果同一份文件的中英文版有歧異，通常以英文版為準，這是政府部門和工商百業的常規。英文版試題是：「to what extent do you think」。如果我們比較一下考評局已公布的兩批樣本識卷，可以發現出題老師的措詞劇變。第一批一般問「Do you agree with」，中文版是「你是否同意」。第二批一律改問「To what extent do you agree with」，都按字面譯為「你在甚麼程度上同意」。這個片語其實不容易翻譯，因為中國人傳統上不是這樣思考問題，比較注重表態「支持」或是「反對」他人的意見。英語這樣的說法則比較「滑頭」，你可以「某程度同意」而「某程度不同意」，模稜兩可。

練習扭曲他人意見？

差異何在？你問「Do you agree with」，會得到「yes」或「no」；問「to what extent」，會引導出更多答法，如「largely agree」（大體同意）、「partly agree」（有點同意）。「yes」會變為「totolly agree」（完全同意），「no」不變，仍是「not agree」（不同意）。這樣問有甚麼好處？政客如要扭曲民意，「largely agree」可以說成「partly disagree」，「partly agree」可以說成「largely disagree」，反過來亦通。

我們的通識教育科真的應該要這樣引導同學用英文思考，練習藉此扭曲他人意見嗎？

誰會受罰？

原載2011年7月14日《星島日報》

香港新高中學制的「通識教育科」（Liberal Studies）是新生事物，中國、台灣、英國和美國都沒有類似要求。「課程發展議會」和「香港考試及評核局」合編的《通識教育科課程及評估指引》提到其中一個「學習成果」，是「發展探究式學習的能力」，當中有「解決問題能力」和「資訊處理能力」等，都是美好的願景。中學化學科考題不能違背「元

素周期律」；數學科不能否定「1＋1＝2」等基本常識。通識
科有甚麼金科玉律？沒有。結果是：出題教師因獲考評局聘
任，而成為這個新造「學術範疇」的無上權威。

　　第二批樣本試題的卷一第三題（試題可在考評局網站
下載），涉及先前引起社會上很大爭議的「校園驗毒試行
計畫」。考題引述三名學生的意見，抄錄如下：

樣本試題節錄

　　少明：「假如家長不顧青少年的反對而堅持要子女接
受測試的話，該計畫將引致父母和子女間的關係緊張。」

　　美儀：「我支持驗毒計畫，相信這樣可以產生阻嚇作
用，又可阻止使用毒品及遏止毒品在校園擴散。」

　　志文：「我不肯定自己的驗毒結果會向甚麼人披露，
同時也擔心被驗出陽性結果時會受到懲罰。」

　　「校園驗毒計畫」的性質本來就是「搜尋犯了錯的同
學」，並為「幫助同學改錯」鋪路。學生犯了錯而不願人
知，就有說謊的動機。誰染上毒癮？如果沒有強制測試，
恐怕要追蹤很多年，待得有家長「大義滅親」，報警舉報
已成年子女藏毒，才會讓人知道當事人在學生時代已吸
毒。回到應付考題的要求。

　　一、少明重視青少年的隱私權多於家長的監護權，強

調家長只可以相信子女，假如談不攏而有摩擦，即使子女
提不出像樣的理由，都算是父母的錯。警方和禁毒處不時
到學校演講，指導師長辨識「疑似吸毒學生」的行為特
徵。有幾多吸毒學生肯自動「爆料」？被懷疑有毒癮時，
第一個反應會是死口不認，還是坦白？

二、美儀認為吸毒害處大，應要想辦法制止香港學生
吸毒。她會有毒癮嗎？雖然不能百分之百排除，但相信機
會不大。

三、志文憂慮「被驗出後受罰」，而不是「測試出
錯，被人誤當作吸過毒」。誰會受罰？過去有學生在學校
因吸毒而致神志不清，校方被逼報警送院檢查，以免釀成
命案。類似吸毒學生都被當作受害人而得到「禮待」，連
記過亦免。真正受罰的「涉毒學生」，較多是已加入黑社
會、有份參與販毒才被政府起訴，罪成後受刑。

引文用意缺乏解讀

志文質疑計畫，提出的理由比少明具體得多，但少明
「關心別人」，志文則是「擔心自己」。如果當作語文科
的閱讀理解題，一個智力正常、具備基本「資訊處理能
力」的中學生應該可以聽得出志文的「弦外之音」。志文
極有可能已染毒癮，甚至販毒害同學、害學校、害社會，

那就有理由擔心。教師和家長可以原諒中學生販毒，警方或會追究到柢。現在考題將志文的保護毒學生立場，提高到跟少明的維護青少年人權立場，以及美儀的反毒害立場平起平坐。評卷指引則容許考生自由發揮，沒有正確地解讀志文的用意。

香港通識教育科沒有課本，不似物理學那樣，只考核學生一些整個物理學界公認的基本學科常識。筆者不能證實或反證這一門「通識教育科」能不能如《指引》所講，達到預計的「學習成果」。但是，單單評價這一條樣本試題的功效，客觀效果可能助長吸毒、販毒學生「理直氣壯」地反對驗毒、掃毒。讓大家忘記了：一、吸毒殘害身心、終生不能復原；二、我們要先知道那個學生有吸毒，才可以協助他戒毒更生。

次等要求、次等教育

原載2011年7月15日《星島日報》

中台英美的中學都沒有近似香港新高中學制的「通識教育科」（Liberal Studies）。按「課程發展議會」和「香港考試及評試局」的介紹：「高中通識教育科的設立，是回應香港社會的需要，為高中學生提供跨學科的學習機會。本科應與其他高中學科互相補足，以維持卓越的學術

水平，擴闊視野，並使學生的學習與現實生活具備更緊密的聯繫。」（見《通識教育科課程及評估指引》頁1）又要求：「通識教育科佔三年制高中課程的總課時不少於百分之十。」（同書，頁2）。

港高中生「超英趕美」？

美國流行的「通識教育」叫「Liberal Arts Education」（港譯「博雅教育」），比較接近「港式通識」，但那是四年制的大學本科課程，讓學生掌握「人文學科」、「社會科學」，以及「自然科學與數學」等三大知識分支的入門基本功。香港社會為甚麼需要高中學生在三年內「超英趕美」？為了考試，「港式通識」只好將「現實生活」都簡化成為一道「時事吹水題」，以便十七、八歲的高中學生都有能力做文章。

讓我們繼續逐一審視考評局已公布的每一題樣本試題及其評卷指引，了解一下出題教師的通識水平，是怎樣限制學生的視野、窒礙學生掌握探索知識的基本原則。

第二批樣本試題的卷一第四題涉及香港人用電的情況，題目和評卷指引都有探討個別香港人怎樣浪費電力能源。

當中資料（2）提供2007年第4季至2009年第1季，八個季度住宅用戶和商業用戶的用電數據，工業用電則略去，

然後要求考生據此描述香港人的用電模式。

請各位家長、教師換個角度思考這個毛病。如果要你指導四、五個高中學生做專題研習，了解香港人的用電情況，你會要求他們搜集多少年的數據？筆者認為三至五年是最低要求。評卷指引提示，能夠指出「商用電量比例高」，或「用電量有上升趨勢」，或「第三季住宅用電明顯增加」等，就可以得最高分。這顯然是「次等要求」！

何解？指導中學生學習分析這類有季節波動（seasonal fluctuation）的數據，第一招基本功是計算「某個時段」跟「去年同期」的變化，然後是每個季度之間的變化。例如，2008年第2季香港住宅用電「8320兆焦耳」，09年第2季上升到「9133兆焦耳」。一個「學術水平」尚算「卓越」、試過「跨學科學習」的高中學生，應該可以用電子計算機，算出「09年第2季用電比去年同期上升9.8%」，作為「用電量有上升趨勢」的確切證據。

陳義過高不切實際

各位家長和教師可能會覺得筆者的要求太過苛刻，不過，換個角度來看，可以說《課程指引》陳義過高，不切實際。現在，寫指引的是一幫人，執行指引的又是另一幫人，難免有偏差。單說這道題目，筆者有少許同情出題教

師，如果提供三年數據，或如筆者那樣要求計算每季升降百分比，文科生可能要示威抗議，咆哮道：「怎麼連通識科也要考數學？豈不是優惠理科生，對文科生不公？」有可能要上街示威抗議呢！可是，通識教育科之設，其中一個原因，不是要打破學生傳統上「文科生不識理」、「理科生不學文」的偏差嗎？

考評局既不敢要求學生將數學課堂學過的四則運算，用到真正的「現實生活」；教師為免學生吃不消，極可能不教「計算升降百分比」這入門第一式。於是乎，考試定了「次等要求」，授課便成「次等教育」。

這或可以解釋，為甚麼人家美國年輕人上了大學才修「Liberal Arts」。「港式通識」，無非是「未學行、先學走」的「次等教育」，暫時能力稍遜的學生勢將跌得頭破血流，有能力研習更高明知識和技能的學生又受到考評局指引的束縛，難越雷池半步。

捆綁思維捆綁評級

原載2011年8月15日《星島日報》

香港新高中通識教育科的設計聲稱要與「現實生活」聯繫，但去到施行細節，卻經常背離現實，必然會行不通。例如評分指引通常要求閱卷老師按考生三方面表現

綜合評核，即「討論」，「結構」和「表達」。通常將總分畫成四個級，另外最差是「所答與題目毫不相干」（irrelevant answer），得零分。

「討論」第一級叫「深入」（in-depth），可得最高分，以下依次為「尚算深入」（reasonably in-depth）、「深度一般」（moderately in-depth）、「深度不足」（rather shallow）。「結構」第一級叫「嚴謹」（well structured）、然後「尚算嚴謹」、「未夠嚴謹」（not very well structured）、「鬆散」（unorganized）。「表達」則是「十分清楚」（clearly presented）、「尚算清楚」（fairly clearly）、「尚能達意」（moderately clear）、「含糊不清」（vaguely expressed）。如果題目的總分不多，不夠分割成四個評分區，就刪去第三級的「深度一般、未夠嚴謹、尚能達意」。以上資訊，許多通識科老師和同學都背得爛熟。

毛病何在？

憂考核變作文

首先，只有「討論深入」跟考生的學科知識有關，「結構嚴謹」和「表達清楚」則是寫作技巧。因此，早有論者擔心通識教育科的考核最終會變成考作文。又因考題

經常涉及時事，所以許多學校的通識科教材，就是向報章的時評取經。報章的報導和評論文章，竟然代替了教科書的功能！

其次，考評局老師閱讀議論文、評價議論文的邏輯實在奇怪。他們用「捆綁式思維」，訂下「捆綁式指引」。「討論」、「結構」、「表達」是合在一起評，而不是分開來評。指引裏面，凡是「表達十分清楚」，例必「討論深入」加「結構嚴謹」。假如「含糊不清」，就一定同時「深度不足」和「結構鬆散」。這叫做「一枯俱枯、一榮俱榮」！怎有這個可能？

既強調「現實生活」，就以過來人的身分談談。筆者曾經在香港一家報章任職，主要工作是與頂頭上司輪流寫社評。眾所周知，每一家報社都有各自不同的立場，差異可以很大。上司對筆者工作表現的評語，很似通識科考試裏面老師給考生答題的評分。上司說筆者的社評優點是資料很豐富，缺點是有時會比較鬆散，而駁斥相反意見時措詞不夠嚴厲。如果「翻譯」成通識科評分指引的術語，會是「討論深入」（一級）、「結構未夠嚴謹」（三級）和「表達尚算清楚」（二級）。這是活生生的「現實生活」，但是考評局的出題老師卻不容許、或從來沒有想過有這樣的可能。

評分指引含糊

於是有個疑問，如筆者這般水平的同學報考通識教育科，閱卷老師會因為「討論深入」而給高分，還是因「結構未夠嚴謹」而給低分？考評局會有更清晰指引嗎？若任由閱卷老師自治自決，又怎能保證公平？出題老師要閱卷老師依「捆綁式思維」給同學「捆綁式評級」，這是甚麼「邏輯」？

（出題老師的邏輯‧二之一）

學過甚麼邏輯？

原載2011年8月15日《星島日報》

二○一二年將有約九萬香港中學生報考必修必考的通識教育科，各大學也要求學生這科及格才會取錄。但是這個科目一開始就設計到次序顛倒！若問明年物理科考試是否公平，這個可以很放心。因為會考班的老師、考評局出題老師和閱卷老師的物理科知識都有保證，他們讀過、考過，而且成績不壞。通識教育科呢？現在的毛病是未培訓足夠數量的老師，便要「新丁」老師教導和評核「新丁」學生。此下，再談出題老師講的「邏輯」。

難確保閱卷員有共識

　　樣本試卷卷二第一題，是評論中國政府決定在上海興建迪士尼樂園一事。這條題目（b）部的評卷指引要求考生「清楚而合邏輯地提出論據」。筆者要問考評局的負責人，有甚麼措施確保數百位閱卷員對甚麼是「合邏輯」有粗略一致的共識？

　　現時通識老師只有少數是上世紀七十年代大學畢業，筆者就個人了解，談談上世紀八十年代大學生通常學過些甚麼「邏輯」。我們理科生要考純數學（pure mathematics），要學數理邏輯（mathematical logic）、集合論（set theory），做數學論證題要用歸納法（induction）和演繹法（deduction）。筆者敢保證，那個年代數學成績平平的大學生，十居其九都不能掌握上述的邏輯推理方法。

　　哲學系同學可能學過希臘哲人柏拉圖、亞里士多德等人的邏輯；中文系同學可能接觸九流十家之中名家的「白馬非馬」；政治學系同學可能信奉「辯證唯物主義」（dialectical materialism）；神學院同學可能服膺「托馬斯主義」（Thomism）……以上不同哲學流派對甚麼是「邏輯」，可以有差異極大的不同理解。

　　筆者不了解上世紀九十年代以後，不同院系的大學生

學過甚麼「邏輯」，但是知道不少人拿着一本《李天命的思考藝術》，不論跟人討論甚麼議題，都要求對方按照他們對這本書的理解來思考。而這些「李迷」未必都上過李教授的課，也不知他們是否真的讀得懂李教授的書。筆者過去每次遇上這些蠻不講理的小朋友，都有「秀才遇着兵，有理說不清」之歎。

不知今天整個香港中學課程，還剩下多少邏輯學入門的知識要學。同學在課堂接觸過些甚麼邏輯？現在要求同學在答題時，能夠切合個別閱卷老師對「邏輯」的理解，這樣的安排可以怎樣執行而確保公平？

個別理解難保公平

文件的中文版出毛病，當然要參考英文版。原來所謂「清楚而合邏輯地提出論據」的英文原文是「precise and justified arguments」，「justified」在這裏是「合理的」、「理由正當的」！我們領教過個別出題老師的「捆綁式思維」，他們說「邏輯」，筆者的憂慮就非常「justified」了。

（出題老師的邏輯‧二之二‧完）

通識必答題之「香港人口老化」

（原載《S-file通識大全》2012年5月16日）

筆者受某報邀請試答新高中通識科卷一必答題，4月3日該報報導：「有通識老師評卷後指，潘能準確分析和歸納數據，且具備識見，但部份欠缺正反論述致大量失分，估計可取得第3級成績。」老師補充說如果筆者在c部多提正反意見，可以改善到4或5級。

第1題（a）：「描述資料A顯示香港人口統計數字的一些趨勢。」

潘：「數據明確顯示香港人口高齡化趨勢嚴重。首先，預計香港人預期壽命在四十年間上升六歲之多。其次，1999年約每十個香港人中有一人是65歲以上的長者，2009年約八分一香港人是長者，2029升至四分一，到2039每3.5個香港人中，有一個是長者。再者，15-64歲的青壯年人口亦持續下降，四十年間由約七成下降至約六成。至於14歲以下兒童的百分比持續下降，反映出生率下降，而且新移民人口中的兒童比率不足以緩和高齡化的趨勢。

假設長者需要青壯人口供養。這意味著，15-64歲的主流就業人口的負擔大幅加重。1999年約七人養一長者，

2009年不足六人養一長者，2029年約2.5人養一長者，2039年更降至約2.1人養一長者。」

　　討論：4分全取。按照正常的社會科學研究，應有「2.5人養一長者」等分析。但是考評局應該不敢這樣要求，亦有通識科老師投訴數據太複雜。可是教同學整理數據的基本功才是正路，筆者在《次等要求、次等教育》（《星島日報》2011年7月15日）已有討論。

　　（b）：「資料A顯示的趨勢可能導致社會問題。參考以上資料，指出及闡述這些問題。」

　　潘：「資料顯示，1999年香港約七成青壯人口供養一成長者和少於兩成兒童，到了2039年變成約六成人供養近三成長者和一成兒童。

　　根據資料A的人口推算，可以預期香港出生率下降、人均壽命上升等導致社會高齡化的因素短期內難以逆轉。

　　按過往經驗，高齡長者患有各種慢性病的比率高，需要的醫療服務比青壯年及兒童為多。此外，高齡長者大多已過正常退休年齡，能夠再為香港社會創造財富的能力亦相對下降。可以預期，香港人口高齡化會導致醫療及其他社會服務的開支大幅上升。」

　　討論：6分得5分。沒有提及「生產力下降」扣一分，評分合理。

（c）：「你在多大程度上同意立法規定青年人向他們的父母提供財政支援的建議？參考以上資料及就你所知，解釋你的答案。」

潘：「本人完全不同意政府立法規定青年人向父母提供財政支援。這個建議顯然未經深思熟慮，有頭痛醫頭、腳痛醫腳的毛病。

首先，建議者沒有充分考量香港人的財富分佈情況。現時，香港擁有物業，與及將會享受豐厚退休福利的富裕人口，大多在四五十歲以上，他們即將踏入老年。而今天的在職年青人有相當比率都要靠父母在經濟上支援，例如住所，以致首次置業的無償補貼。再加上現時約二三十歲的在職年青人不少要面對低薪，與及缺乏加薪、進升或創業機會。在今後一二十年內，香港年青人是否有能力支援父母，抑或要父母支援，還需要進一步研究調查。

其次，隨著出生率下降，與及青壯年已婚階層越來越多決定不會生兒育女，可以預期今後一二十年，許多步入老年的香港人根本沒有兒女，將會令立法規定子女供養父母的建議形同虛設。因此需要更多數據，才可以確認有關建議是否具有預期的成效。

資料A只反映高齡化趨勢，卻未能揭示香港人財富分佈與年齡的關係。就現時掌握的有限資料分析，這個建議可行性低、實際成效亦十分可疑。」

討論：10分得6分。評卷老師指出，答「完全不同意」而不提正反雙方意見，會大量失分。「多大程度上同意」是「to what extent agree」的翻譯，筆者在2011年6月30日的《「在甚麼程度上」》已分析過，這是考評局老師用英語思考，強迫用中文答卷的同學也是仿效，限制同學的思想。

小結：

評分可以接受。第2、3兩題就反映考評局專橫無理，控制同學的思維方式！事態嚴重，下回分解。

（通識試答試評：三之一）

後記：

二零一二年，香港中學文憑試開考期間，有一份報張的記者約筆者試答「通識教育科」的必答部分，筆者在指定時間內答完，將內容以電子文檔形式交給記者，記者轉給一位資深通識科老師按照考評局的指引批改。然後，評分的情況就在那份報張上刊登。

因為篇幅所限，那個報導沒有談及筆者回答的內容，所以筆者寫了三篇文，投稿到《星島日報》教育版，該報編輯認為這系列文字放在一份特刊更為合適。

國森記，二零一五年五月

通識必答題之「二手煙」

（原載《S-file通識大全》2012年5月23日）

這次參加通識科考試，只得一位老師評卷，雖然未能完全符合實況，仍有參考價值。

第二題（a）：「資料A凸顯什麼公共衛生的風險？指出及解釋該風險。」

潘：「資料A表達父母在家中吸煙，子女被逼在充滿『二手煙』的環境生活。

因為子女需要接受父母供養，要求父母不在家中吸煙的議能力極低，基本上完全不能抗拒『二手煙』的影響。

現時，醫學界普遍認為吸煙危害當事人的健康，有可能引發多種嚴重疾病，如癌症、心臟病等之外，與吸煙者共同使用一個生活環境的人都會受『二手煙』影響。一般情況下，子女不單止無權干涉父母的嗜好，而且日常生活也會受到父母的管束，因此吸煙者的子女受『二手煙』的影響更難妥善處理。」

討論：4分得3分。因為漏了「增加醫療負擔」而扣一分。筆者認為評卷老師的思維很奇怪，「醫療負擔」是經濟問題，「公共衛生」是健康問題，風馬牛不相及！但沒有辦法，老師操生殺大權！

（b）：「資料B顯示受一些煙草管制政策影響的世界

人口百分比的特徵，以及其在2008年和2010年之間發生變化特徵。描述這些特徵。」

　　潘：「資料B顯示，除了傳媒的反吸煙運動之外，其餘五項管制政策影響的世界人口都偏低，以全世界人口約六七十億計，即使比率較高的戒煙計劃和警告標籤都只覆蓋少於六分一世界人口，即不足十億人。

　　在六項政策之中，只有五項可以比較2008至2010年，兩年間的變化。設立無煙區和警告標籤兩項都有約一倍升幅。但其餘三項增輻不大。

　　六項政策之中，只有設立禁煙區一項對吸煙者的行為有實際規範。其餘五項都對吸煙者不構成必然的影響。

　　還須注意，大眾傳媒推廣反吸煙運動一項，名義上覆蓋近三成的世界人口，即是約二十億人。其實只代表有關資訊在這佔三成人口的國家和地區流通，因為這些傳媒的收視率、收看率並非百分之百，所以不代表有三成世界人口真正受這個政策影響。」

　　結果：得5分滿分。

　　討論：答案中提及全球人口和討論傳媒收視率，極大可能不在考評局要求之列。有理由相信，分析能力特高的同學沒有優勢，因為答案平庸的同學亦容易得滿分。

　　（c）：「在資料B顯示的煙草管制政策中，哪兩項可

在香港較有效地處理資料A凸顯的公共衛生的風險？參考以上資料及就你所知，解釋你的答案。」

潘：「強行指定資料B中有兩項政策可『較有效地處理』資料A的風險，實是一廂情願。參考以上資料，及按個人分析。六個政策對處理A的成效都難保證。

（一）設立無煙區。只在公眾地方可行，政府不能隨便進入私人住宅，干預市民的生活。

（二）戒煙計劃。必須吸煙者自願，子女無能力強逼父母遵從，頂多只能勸喻、遊說。

（三）警告標籤。有不少吸煙者不相信吸煙對己對人有害，成效因人而異。

（四）傳媒反吸煙運動。不一定能影響吸煙家長，如（b）所述。

（五）禁止香煙廣告。有研究顯示，禁止廣告的效應，只是新品牌難以進入市場，無助於減少吸煙人口。

（六）徵稅。經驗顯示，只能迫使低收入長者戒煙，對青壯年在職人士影響力不大。

真正有效的辦法，是全面禁止售買和享用煙草產品。」

結果：10分得3分。老師指出並無直接回答，應做比較；若同學只批評會處於不利位置，建議亦應切實可行。

討論：有應屆考生擔心答政治題會因個人立場而失

分,考評局說:「不會」。「潘考生」答這題時公然批評
出題老師,就得到這個下場!為甚麼限定「兩項」較有
效?為甚麼斷然否定「全面禁煙」可行?答案只有一個,
考評局有既定立場,考生不得違抗!

(通識試答試評:三之二)

後記:

　　這是活生生「洗腦」與「思想箝制」的實例!

　　正正出現在「通識教育科」的題目和評卷標準。

　　擬題員是誰?

　　對不起,他隱藏在考評局的保護傘之後,作威作福!

國森記,二零一五年五月

通識必答題之「政治組織」

(原載《S-file通識大全》2012年5月30日)

　　答第三題通識又再因批評出題老師而大失分。

(a):「根據資料A,香港人對本港政治組織有什麼看
法?」

　　潘:「首先需要指出,圖A1的問題問得含糊。『代表

市民利益』和『保障市民利益』是兩個不同的概念，不應混為一談。前者只反映為市民服務的『主觀意願』，後者卻反映為市民服務的『實際能力』。

（……中略）【潘按：當時因篇幅關係，需要大幅刪削筆者的答題內容。現在可以補回，這一段是：（然後按題回答。有四成受訪者表示「無」和一成多表示「不知道」，剛好略超過一半。顯示近半受訪者相信香港有個別政治組織能夠「代表」或「保障」他們的利益。）】

答『無』顯示受訪者認為政治組織都既無『意願』、亦無『能力』（為他們的政治利益服務）。答『不知道』的，則無從分析（因為不能確知他們在答不知道誰能「代表」、還是不知道誰能「保障」，又抑或是兩者都「不知道」）。

表A2的結果，不能跟圖A1綜合分析。（現時只能顯示全體受訪者對社民連和人民力量較多不滿，其餘六個組織的滿意度大致相近。當中對民建聯、民主黨的愛憎比較強烈，三成滿意，四成不滿意）。

資料沒有顯示A1中，明確表示有政治組織能影響他們利益的受訪者，對該相關組織的滿意度。因此，可以得出兩個可能性：

（一）是負責研究的人員不夠專業，未能設計出精確合理的問題；或

（二）負責整理資料A的人員不夠專業，例如沒有剔出認為『民建聯』（或其他組織）保障他們利益的受訪者對『民建聯』（或其他組織）的滿意度。」

討論：4分得3分。老師評語：「有分析數據和做歸納的能力，但批評題目則不必要。」雖然批評出題老師而仍肯按題回答，只扣一分。

（b）：「參考資料B，提出及解釋一些可能成立的因素，以助說明你在（a）題指出的香港人的看法。」

潘：「表A2顯示，撇除形象最差的社民連和人民力量之外，其餘都有三至四成人的滿意，最高為公民黨超過四成。可以作為支持資料B說各有「忠實支持」的數據。至於不滿意的，民建聯、民主黨和職工盟都超逾四成，又可以作為支持「分歧形成論爭」的證據。

資料B的內容，無助於說明本人在（a）的重要觀點。例如各組織成員人數少、資源不足、能力薄弱等，都與本人在（a）的分析扯不上關係。

至於聲稱『各政治組織的公眾形象均為負面』亦跟資料A顯示『滿意』和『不滿意』大致相等的情況不盡吻合。資料B的作者著眼於看『不滿意』，於是得出『均為負面』的結論，態度不夠中肯。」

討論：5分中得1-2分，低分是因為沒有引用資料作助

證。「潘考生」不認同資料B的討論，答（a）時亦無考慮B，但評卷老師不接受。由此可見，同學有可能因與評卷老師意見不同而得低分。

（c）：「『本港有不同政治組織，因而提升香港政府的管治效能。』你在多大程度上同意這說法？參考以上資料及就你所知，解釋你的答案。」

潘：這個說法提得太籠統，並沒有指出「政治組織」是如何「提升管治效能」，是典型的「政客詞令」，即是言詞空泛浮滑，又不提理據。因此本人對這個說法全不同意。

理據如下：

（一）這個空泛的說法既難以實證，也難以反證。要實證，需有具體事例（，證明不同政治組織的主張或實際行動，確曾幫助政府管治，並獲得真實成果。要反證，需有具體事例，證明政府曾經採納不同政治組織的建議，而直接導致決策失當。）。

（二）因為八個組織中，有六個的「滿意度」和「不滿意度」相當。政府可以按喜好，強調友好組織的「滿意度」或強調敵對組織的「不滿意度」。如同資料B的作者可以武斷認為「各組織形象均為負面」。

（三）（如果用粗略的二分法，將不同政治組織分類

為對政府「友好」和「敵對」，則）「敵對」組織未必能「提升管治效能」，有可能盲目反對政府；但是「友好」組織又可能盲目支持政府的失誤。

（四）如果按資料B的作者分為「建制派」和「泛民勢力」，當中已有了明確的價值判斷和立場傾向（，一般可以理解為認定「建制派」較多為政府的失誤護短，認定「泛民勢力」能夠保障香港人的利益而「建制派」不支持香港的民主發展）。

（五）就本人所理解，香港大部份政治組織的核心成員都是重視個人利益多於為社會服務，理據不能盡錄（。例如先前有不少立法議員要求加薪即是一例，他們大多沒有建樹，在議會敷衍過日）。

討論：10分中得3分。老師建議：「應釐清關鍵詞如『政治組織』和『管治效能』的定義；避免答『完全不同意』，要有正反雙方的立論，現時答得不足夠。例如『政治組織的諮詢功能』。」筆者質疑：（一）怎樣決定那些「關鍵詞」要解釋？不是應該假設評卷老師都懂嗎？（二）這是資料題，題目沒有提及「諮詢」，考生怎樣判斷要補充那些額外資料？通識科要考同學猜謎的本事嗎？

小結：

58分得32-33分。筆者試答a、b的內容比通識科講得更深更廣，但是要得最高分肯定不必這麼費勁。至於c部，筆者不需要考大學，所以不必曲意順從出題老師。同學為了升學，還能夠據理力爭嗎？雖然一位老師不能代表考評局，但這次是真題目、真試答、真試改。似乎已反映試題嚴重箝制考生的獨立思考和分析，值得大眾關注。

筆者再重申：「要求考評局在文憑試全部完結之後，即時公開通識科的評卷指引。萬一真有嚴重失誤，都可以在文憑試閱卷和公佈成績前撥亂反正。」這樣才可以保障同學的權益。

（通識試答試評：三之三）

附錄四：黃瘟軍戰列

聞少

崇拜我、欽敬我班人，都叫我「聞少」。

呢個當然係假名啦！

皆因我聞少上有高堂、下有妻小，正係仔細老婆嫩，無謂畀人知道我真正身份丫！

雖然我聞少見多識廣，係二十一世紀「新糞股學」、「新蚊滋學」、「新腥瘟學」權威；不過生平比較膽小，唔似得有人光棍一條，唔識個死字點寫。現在有人再四請求我聞少分析一下「黃瘟軍戰列」，我聞少推無可推，無奈勉為其難應承，但係君子不立危牆之下，無話用真名同「黃瘟軍」過唔去咁蠢。

本文係寫畀精通粵語之人拜讀，唔識粵語可以唔使睇落去，因為資質所限，一定睇唔明。

未入正題之前，先露幾手功夫，講解一下三個字的本義，呢個係我聞少的偉大發明。

邊三個字？

大、太、犬共三個同源字。

先講「大」字。《說文解字》：「大，天大、地大、

人亦大。故大象人形。」許老慎實在未得要領。

《聞少解字》:「大,象女人形。」呢本《聞少解字》,顧名思義,理所當然係我聞少手著,重未有刊本,你班友梗係唔知啦!

再講「太」字。《廣雅‧釋詁一》:「太,大也。」呢個張老揖重離譜,男女不分,亂講廿四。

《聞少解字》:「太,象男人形。」一個「大」字,有頭顱、軀幹、四肢。一個「太」字,係頭顱、軀幹、四肢,再加兩腿之間胯下的物事。

時下幾許「文偽廢青」,常以「大字形躺在地上」入文,殊不知此句只可用於女人。若是男人,則只能夠是「太字形躺在地上」。除非男人「下面沒有了」,才可以「大字形躺在地上」。若你是大好男兒,有人說你「大字形」甚麼的,乃是最惡毒的挑釁是也。

再講「犬」字。《說文解字》:「狗之有縣蹏者也。」呢個「蹏」即係「蹄」,冷僻字,你地一世人都唔荒會見過。據我聞少的研究結果,「犬」字係有兩個字源。

《聞少解字》:「犬,孳乳於大,會意。好講爛口之女人。」又:「犬,孳乳自太,指事。男人下面沒有了,以嘴巴自我安慰。」換言之,「犬」實指滿口「性器官」之人,有「公犬」、「母犬」與「第三姓犬」是也。

「黃瘟軍」者，攪到H埠全城染黃。黑白兩道、正當人家齊齊無啖好食，需知「壞人衣食，猶如食人父母」，「黃瘟軍」最大的頭領揚言呢勻係同「凸衰正苦」打仗咁話，故此有人請求我聞少「解構」一下「黃瘟軍」的「戰列」，英文叫order of battle。

據情報顯示，「黃瘟軍」作戰主力叫「犬鹽淹鑣」，前二字象形，後二字形聲。

一眾「犬鹽級黃瘟軍」之中，戰力最強的是「束目郡」，又名「神柒軍」，故平日「如有神助」。身份是「驢馬顛誅窖，豬雞鼠狗」，「淹鑣」中之「首席大犬鹽」。統領「柒軍」，權力甚大。不過「神柒軍」之名犯諱，遇上關二哥「水淹七軍」，最終定必一敗塗地。

第二號「犬鹽」是「林鈺格」，又名「你看姦」，被稱為「傷港炆煮芝腐」，一身散發芝士的腐臭味。身份是「大撞棍」，曾任「傷港大撞屎拱燴燴頭」，又是「原任淫鴿鑣鑣灰」。此「犬鹽」平日沉迷「看姦」，又實際「通姦」、創立污穢不堪的「淫鴿鑣」，敗壞H埠社會風氣垂三十年。《本草綱目》：「鴿性淫而易合，故名。」呢件「林鈺格」、「你看姦」創立「淫鴿鑣」，招攬的「人才」可謂「淫人」多過「正人」。入鑣後若有「停妻再娶」，則庸才亦可「上位」。例如有個「高老大」，離而再娶，竟然「翻兜」，再娶後又背後妻與前妻鬼混，然

後離後妻再娶前妻，污煙瘴氣之至！其餘嫖妓宿娼、非禮下屬等等，不絕如縷。至於「林鈺格」本人，則「症彈終淫」盡皆折服。有人封「林鈺格」為「男方耳完」，因其曾與「女方耳完」有私通。這個「女方耳完」聲名狼藉，與所有「症彈終淫」都合不來，都「大相枘鑿」，「林鈺格」乃其「症彈」唯一知己，「男方」遇「女方」，烏龜對王八，絲絲入扣也。

此下有「載翟延」，又名「大尿瓶」，自號「佔窿法死人」，身份是「薄扶林大鑊，枉髮鶴苑，獻世髮，褲叫獸」，另一個隱蔽身份可能是「淫鴿鑕」的「地下鑕完」。此人迷信「飲人尿」可保健康，每日以尿代水，故人稱「大尿瓶」。因飲尿太多，身腥口臭，每一發聲，皆其臭無比。據消息人士推測，其親生子女因為每日被尿液腐敗分解的「阿摩尼亞」熏蒸，所以身體孱弱，未能通過體檢，沒有加入「黃瘟軍」。另有消息指，「大尿瓶」其實用心良苦，每日用「阿摩尼亞」熏蒸子女，寧願子女輕微「氨氣中毒」，「上得床唔落得地」，可以免疫，畢竟參加「黃瘟軍」有風險。可能「沙場」上受傷，或被當局「點相」，他日被「秋後算賬」也。不過，這個小道消息未經證實，仍待進一步調查。

再有「束犍限」，又名「淫濺氓」，身份是「馬料水大鑊，射煨屌鶴苑，通統唔識屌，褲叫獸」。此人心理非

常變態，據資深權威精神科醫生評估，可能有「少眾性傾向」，鍾愛自家的「路姆西」，曾在公開場合，一派自我陶醉的模樣牢牢攬住一隻「路姆西」。

再有「牛翟朋」，又叫「豬妖榮」，身份是「雞粥窖，怎信猥，踩彎塘狗，煮淫沐屍」，最擅長「詐喊」，「眼淚話流就流，唔使捽白花油」。

再有「娘豕磔」，又叫「涼瓜截」，身份是「攻民鑊鑊灰」，此人家教有虧，禮貌全無，上不得台盤，講話不分場合，最喜歡叫人「花名」。

再有「涷隊客」，又叫「駱嘉塵」，「攻民鑊頭領」，被傳為地下社團「黑草匯」之「大龍頭」，專靠「踩在女人的肩上才能站起身」。此人非常無記性，自己係「叫獸」定係「褲叫獸」都未攪清。

再有「季桌入」，又叫「狸啤淫」。身份是「土鑊鑊灰」，此鑊以「出頭便成土」的典故命名。此人被疑曾經侵吞「碌死」捐款以千萬元計。

「士泳玉」，又叫「干冰半」，身份是「前凸衰正苦狗棺，攪肉陰司」，現為「薄扶林大鑊，明瘀叫獸」，食碗面、反碗底之輩。

以上「犬鹽」，青一色陰陽怪氣，說話聲音時高時低。據不願意披露姓名的男科專家目測，懷疑都患上「睪丸不活躍證候群」。

「黃瘟軍」中，負責攻城掠地、衝鋒陷陣者，主要戰員來自「鶴鼪邪窖」的「淫癟雙鶴」。大鶴是「傷港磚上鶴鼪癮猥」，小鶴是「鶴淫撕條」。「第一次黃瘟革命」之後，「犬鹽淹鑊」擔心「雙鶴」坐大，而「雙鶴」亦對「豬雞鼠狗」來個「叔父當羊牯」的對待。大鶴小鶴又爭做領袖，各懷鬼胎。截至二零一五年年中，「大鶴」已被斬手斬腳，只剩一條無翼無爪的「鶴棍」。

「黃瘟軍」另一重要力量是「全霉」。

「顛籽全霉」負責發放經剪輯的「有聲公仔畫」，包括「有賤TB」、「巫賤TB」、「烤TB」等。另有「傷孽賤抬」只發放「聲帶」。再有「傷港賤抬」兩樣做齊，既出「有聲公仔畫」，也出「聲帶」。

近年「忍柒全霉」因科技之助，除了傳統出「紙簿」，連「有聲公仔畫」同「聲帶」都撈埋。當中比較落力的共有三家「忍柒全霉作故簿」，一味老作。其中「蛇果淫毒簿」一貫弄虛作假。「猞簿」，又名「狗言簿」、「犬吠簿」，「傷江遞壹賤筆」是其皇牌。再有「朋報」，與「黃瘟軍」朋比為奸。

未完，不會再續。因為天機不可盡洩也。

後會無期！

後記

「黃巾之亂」初期，我曾到香港島銅鑼灣「佔領區」走走。在崇光百貨公司外一段軒尼詩道的車道，看見那些古靈精怪的「課堂」。某大學教師在胡說八道，回家後將即場拍得的照片上載到「臉書」，評論了一兩句。一位「小女孩」在「臉書」說其實我也可以到「佔領區」講課，啞然失笑！這女孩是我當代課教師時的學生，後來進了香港大學文學院，也算是師妹，到了今天還敬稱我為「潘sir」。她唸大學時攬課外活動，還請過我去做演講嘉賓。過了這些年，她在自己的工作崗位幹得很有成績，跟我還有過業務往來。但是她對於社會科學這個範疇不甚了了，在「黃巾之亂」初期，大家已有點意見不合，算是很輕微的吵了幾架。我對她說，許多事情很難在臉書上講得清楚明白，她便說：「倒不如潘sir出一本書。」到了「黃巾之亂」後期，「小師妹」在臉書不再為「佔領行動」留言，相信已經逐漸明白內裡的黑暗邪惡。

我平素寫書，雖然多有大綱，但是總會越想越多，現在內容比最初構思豐富得多了。在寫作過程中，知道我有這個寫作計劃的朋友曾問：「會追溯幾多年的舊事？十年？」我說：「遠超乎你的想像！」有許多事情，要從上世紀八十年代說起，如香港在回歸前的政制，以及「學運邪教」的根。

「黃巾之亂」常令我想起一首六十年代美國的反戰民歌「One Tin Soldier」，今天「學生黃巾賊」將精神心力都放在政治鬥爭，他們當中許多人的中、英、數、理、文各科都達不到能夠接受大學教育的水平，恐怕不會有時間去欣賞這些他們父祖輩耳熟能詳的經典。遇上黃巾賊出擊，這首歌的副歌部份就常會浮現在我耳畔：

Go ahead and hate your neighbour

Go ahead and cheat a friend

Do it in the name of heaven

You can justify it in the end

There won't be any trumpets blowing

Come the Judgement Day

信手譯成中文：

盡情憎恨鄰里，放懷矇騙友朋。

終能自圓其說，誓日指天以行。

暗地不宣而戰，世界末日將臨。

「黃巾之亂」因「無知」與「仇恨」而成事，結果是香港的「法治」和「道德」受到嚴重摧傷。說到「亂後重

建」，愚意認為大可：

> 以智慧挽救無知，摧破邪見；
> 以仁義化解仇恨，重建道德。

摧破邪見其實不算特別難，給我一點時間，我先撇下其他事情，可以完成類似本書的參考材料。重建道德則絕對不易。香港之大，還剩得十個義人嗎？

是為潘生所憂所懼也！

潘國森

乙未仲夏